Siquia

JUDIT IZQUIERDO
MARTA FOIX

¿Quién dijo ansiedad?

Todo lo que necesitas saber para hacerle frente

Grijalbo

Papel certificado por el Forest Stewardship Council®

MIXTO
Papel procedente de
fuentes responsables
FSC® C117695

Penguin
Random House
Grupo Editorial

Primera edición: octubre de 2022

© 2022, Judit Izquierdo y Marta Foix
© 2022, Penguin Random House Grupo Editorial, S.A.U.
Travessera de Gràcia, 47-49. 08021 Barcelona

Printed in Spain – Impreso en España

Diseño: Penguin Random House Grupo Editorial / David Ayuso
Compuesto en Fotocomposición gama, sl

ISBN: 978-84-253-6218-7
Depósito legal: B-13.651-2022

Impreso en Gómez Aparicio, S. L.
Casarrubuelos (Madrid)

GR 62187

A todos los que creen que otra forma
de hacer las cosas es posible

Índice

INTRODUCCIÓN   6

REDEFINIENDO LA ANSIEDAD   11

¿Qué es exactamente la ansiedad?   **13**

¿Es posible controlar la ansiedad?   **20**

No todo es ansiedad   **31**

El poder de las palabras contra la ansiedad   **40**

¿Soy yo la causa de mi ansiedad?   **47**

Los demás me generan ansiedad   **52**

EL ORIGEN DE LA ANSIEDAD   67

El cuándo, el cómo y el porqué de la ansiedad   **69**

Cambios, duelo y otros factores relacionados
con la ansiedad   **74**

Los peligros de la tecnología   **83**

Indigestión emocional: la relación entre la ansiedad
y la comida   **93**

El poder del *mindfulness* contra la ansiedad   **97**

Usar el humor como escudo para la toxicidad   **112**

TRABAJO Y ANSIEDAD: UN CÓCTEL PELIGROSO   119

¿Problemas en el trabajo?   **121**

Donde hay perfeccionismo hay ansiedad   **132**

Prioridades y valores: los cimientos de una vida   **143**

Ambientes de trabajo tóxicos   **148**

¿Se puede luchar contra un lugar de trabajo tóxico?   **158**

La importancia de tomar decisiones   **166**

AMOR Y ANSIEDAD: ¿SON COMPATIBLES?   177

Tener una relación de pareja sana es posible   179

Conductas que envenenan una relación   187

Empezar de cero tras una relación fallida   196

Cómo desengancharse de una relación tóxica   206

Las relaciones familiares y sociales como fuente
de estrés   217

CONSTRUIR UNA VIDA A PRUEBA DE ANSIEDAD   233

La medicación no debería ser la primera opción   235

¿Por qué es tan importante ir a terapia?   246

Preguntas con respuesta: consultas comunes en
terapia   262

CONCLUSIÓN   286

AGRADECIMIENTOS   287

BIBLIOGRAFÍA   288

Introducción

Corría el mes de julio de 2021 cuando un gesto cambió la percepción que el mundo tenía de la salud mental.

Simone Biles, considerada la mejor gimnasta de la historia, se encontraba en Tokio lista para revalidar sus oros en los Juegos Olímpicos cuando, para sorpresa del mundo deportivo, anunciaba que se retiraba de la competición. De manera inaudita, una deportista de élite anteponía la salud mental a las medallas en un momento decisivo de su carrera profesional.

Su comunicado dio paso a una cadena de anuncios públicos de miles de personas a lo largo del mundo. Decenas de deportistas, famosos y *celebrities* se abrían a compartir su experiencia sobre cómo la presión, la ansiedad, el estrés o la depresión habían condicionado su vida.

¿Qué estaba ocurriendo para que la salud mental abriese portadas de las noticias sin estigmas y rompiendo mitos?

Prácticamente una década antes del anuncio de Simone Biles, Siquia nacía con una propuesta de valor diferencial: democratizar el acceso a la psicología apostando por la terapia *online* como único canal de atención.

Diez años en los que hemos conseguido que sea un poco menos difícil hablar de salud emocional. Diez años en los que hemos trabajado hasta demostrar que la digitalización también es una vía válida para ofrecer ayuda psicológica profesional. Diez años en los que hemos logrado ayudar a miles de pacientes de todas las partes del mundo que han elegido a Siquia como su psicólogo de cabecera.

A lo largo de esta década, no solo han evolucionado los canales a través de los que nos comunicamos a nivel individual. También lo ha hecho la percepción que tenemos de lo que nos ocurre. Por ello, no es raro escuchar a los más jóvenes mencionar la «ansiedad» como un problema cotidiano.

Desde que en 2012 Judit Izquierdo —fundadora de Siquia— dibujó de manera pionera lo que sería el futuro de la psicología, en la compañía hemos ido viendo no solo cómo los modelos de atención progresaban, sino también cómo cambiaba el perfil de las consultas que nos llegaban.

La edad media de los pacientes adultos iba descendiendo, pues las nuevas generaciones tienen normalizados los beneficios de acudir a terapia, mientras que en otros segmentos más maduros sigue existiendo un cierto recelo.

Este cambio de paradigma nos lleva una y otra vez a replantearnos los modelos asistenciales. A cuestionarnos si la profundidad de la enfermedad con la que llega un paciente de 21 años realmente requiere del mismo tratamiento terapéutico que el paciente que la arrastra años.

La prevalencia de la ansiedad y la depresión sigue en aumento, dejando datos que invitan a la reflexión sobre la necesidad de programas de salud mental que incluyan la prevención como un factor relevante.

Lejos de estar normalizado el hablar de cómo gestionamos los conflictos emocionales en nuestro fuero interno, no podemos olvidar que la depresión es la segunda causa de baja laboral en el mundo, a pesar de que tenemos más información y recursos que nunca para adquirir hábitos de vida saludables.

Pero ¿realmente sabemos de lo que hablamos cuando nos referirnos a este trastorno?

En esta obra, ahondamos en ese torbellino de emociones que acompañan a la ansiedad y les ponemos nombre y solución a través de la experiencia de cientos de pacientes que, durante la última década, han confiado en Siquia para entender lo que les ocurría, por qué se sentían así y cómo podían afrontarlo.

Descubre qué es exactamente eso a lo que llamamos ansiedad, los mecanismos que la desencadenan, los motivos más habituales asociados a ella y un sinfín de ejemplos prácticos que reflejan la realidad de este trastorno.

En todo momento hemos intentado trasladar los momentos cotidianos que se ven amenazados por los síntomas que la acompañan. Les hemos puesto nombre propio para normalizar eso que vives y que seguramente te ha llevado a comenzar a leer este libro.

¿Quién dijo ansiedad? incluye ejemplos prácticos, consejos e ilustraciones que facilitan la lectura y la comprensión de lo que nos ocurre. Nos hemos esforzado por crear una pequeña guía práctica muy visual sobre la ansiedad, que se acompaña durante todos los capítulos con destacados que te ayudarán a repasar y volver a los aspectos que más te interesan, de manera sencilla.

Indagaremos en el origen de la ansiedad, las fases más comunes que la acompañan y sintomatología asociada.

Pondrás nombre a los distintos «tipos de ansiedad», y será una oportunidad para conocer recursos que hasta ahora nadie te había contado. Te ayudarán a reducir los síntomas y, no menos importante, a reconocerlos para anticiparte a ellos antes de que se desencadenen las temidas crisis.

Fruto de nuestra experiencia, hemos estructurado esta obra en función de las demandas más habituales que nos llegan a consulta. Así, profundizamos en el impacto de la ansiedad en los contextos más cotidianos de nuestra vida, como son la pareja, las relaciones sociales, la ansiedad en el núcleo familiar o en el puesto de trabajo.

Es difícil imaginar cada uno de estos apartados sin que unos se interrelacionen con otros. ¿Cómo no llevar a casa la carga de una jornada laboral que nos supera? ¿Se puede trabajar sin que las preocupaciones que tenemos en nuestra vida personal nos condicionen? ¿Podemos pensar con claridad si la presión para tomar una decisión nos bloquea?

Seguro que te ves reflejado en muchos de los casos de otros pacientes que llegaron a Siquia en un momento de su vida en el que necesitaban entender qué les ocurría y cómo podían afrontarlo.

Queremos, ante todo, que cuando leas este libro te sientas entendido, escuchado, arropado. Sentirte sentido.

Ojalá que *¿Quién dijo ansiedad?* no se quede en una sola lectura, sino que se convierta en el manual al que recurrir cada vez que te surja una nueva duda.

Que las páginas que están por llegar sirvan para dar visibilidad a la ansiedad, algo que aún se vive con muchos tabúes y, por supuesto, ayudarte a saber cómo actuar en cada situación gracias a los consejos aportados por nuestra compañera Marta Foix, psicóloga del equipo de Siquia.

Día 0 de la ansiedad. Comenzamos.

¿Quién dijo ansiedad?

Redefiniendo la ansiedad

¿Qué es exactamente la ansiedad?

Algunos dicen que estamos en la era de la ansiedad. En la vorágine del siglo XXI todo el mundo conoce de primera mano el estrés. Sin embargo, pocos sabrían definir con exactitud qué es la ansiedad. El término está rodeado de mitos y clichés que vienen y van como las modas. Todo lo relacionado con la salud mental está polarizado: a veces se ignora y otras se exagera todo lo que tiene que ver con ella. ¿Cómo puede existir aún tanto desconocimiento si se estima que un 25 % de la población europea sufre ansiedad? Esta situación puede trasladarse, a escala, a todos los países del mundo occidental: la presión en el trabajo, la sobrecarga tecnológica y un ritmo de vida frenético hacen que muchos batallen intentando seguir el ritmo de esta sociedad que no para.

En España, el 6,7 % de la población sufre ansiedad. Aunque es más común en mujeres que en hombres, hasta un 10 % de los españoles experimentan síntomas relacionados con este trastorno.

¿Pero realmente sabemos lo que significa? ¿Utilizamos el término con propiedad o lo banalizamos sin darnos cuenta siquiera? Hablamos de la ansiedad como si fuera algo trivial, como si no fuera más que el estrés presente en nuestro día a día, provocado por detalles mundanos. No debería ser así, pero lo cierto es que es difícil definir con precisión lo que es la ansiedad.

Podemos describir este trastorno como un cúmulo de reacciones físicas, conductuales, cognitivas que se producen en nuestro yo y a las que debemos adaptarnos utilizando las herramientas que tenemos a nuestro alcance. En este contexto, hay una situación desencadenante, que suele venir del exterior, y una reacción en nuestro interior.

Al contrario de lo que podrías pensar, es más importante el grado de intensidad y la duración de nuestra reacción que el acontecimiento que la provoca.

Cuando dos personas se enfrentan a una situación potencialmente ansiosa, hay bastantes probabilidades de que la afronten de maneras diferentes. Si la ansiedad aparece o no, dependerá de su propia percepción, de las experiencias pasadas, de los aprendizajes obtenidos y de la memoria, entre otras muchas variables.

Podemos afirmar que es nuestra percepción individual la que determina el grado de sufrimiento que experimentamos ante una determinada situación. Además, el sufrimiento es, precisamente, lo que nos ayuda a diferenciar el «chute energético» de la ansiedad del que nos provoca una actividad placentera, como hacer deporte o pasar tiempo con alguien a quien queremos.

Multitud de actividades y situaciones producen la activación del sistema nervioso, que es el causante del aumento de energía. Cuando experimentamos ansiedad, el cerebro pone en marcha áreas como la amígdala, que se encarga de analizar los estímulos; los lóbulos frontales, que dan órdenes al resto del cuerpo, o el hipotálamo, que aumenta la frecuencia cardiaca y la tensión muscular, pues prepara el cuerpo para huir.

Pero no solo la ansiedad activa nuestro sistema nervioso, muchos acontecimientos de nuestra vida también. La diferencia radica en las sensaciones que provoca esta activación: ¿Predominan las emociones positivas y tranquilizadoras? ¿O son las caóticas las que están ganando la batalla? La línea que separa estos supuestos es muy difusa.

Sin embargo, la ansiedad suele presentar ciertas características que pueden alertarnos de su presencia, como la intranquilidad y el exceso de preocupación, que suelen provocar que, cuando estamos en una situación que puede generarnos ansiedad, analicemos cada detalle de la situación en la que nos encontramos.

Por suerte, gracias a estas señales de alerta es posible anticiparse y no perder el control. Para ello es necesario saber que la ansiedad es un proceso que consta de varias fases, enunciadas por Folkman y Lazarus:

- **Fase de anticipación**: nos preparamos mentalmente para una situación. Imaginamos cómo será y qué consecuencias tendrá.
- **Fase de espera**: se produce cuando llega el momento que estábamos esperando. Nos preparamos para afrontarlo y observamos las consecuencias de las decisiones que hemos tomado.
- **Fase de resultado**: reaccionamos al desenlace, que puede ser más o menos exitoso.

En nuestro día a día pasamos por estas fases multitud de veces: cuando hacemos un examen, en el trabajo, en una cita a ciegas, en un atasco...

En el supuesto de la cita a ciegas:

- Fase de anticipación: la persona se prepara para la cita y se imagina cómo se desarrollará.
- Fase de espera: en el transcurso de la cita, cada uno de los presentes actúa y da respuesta a las acciones del otro. Si intuimos un rechazo, ajustaremos nuestra conducta e implicación emocional para poder terminar con una sensación positiva y agradable.
- Fase de resultado: evaluaremos si la cita ha sido exitosa o no. Si ha salido bien, lo más probable es que reaccionemos con alegría. Si no es el caso, nos embarga la angustia.

Curiosamente, no somos los únicos miembros del reino animal que batallan con la ansiedad, también es común en otras especies. Por ejemplo, los primates, ante una amenaza, no solo experimentan miedo, sino que dan rienda suelta a una serie de respuestas motoras y fisiológicas que los instan a huir.

Cuando aparece el peligro, nuestro cerebro reacciona de forma muy similar al del resto de los animales. Pero, mientras que su ansiedad aparece impulsada por el sentido de la supervivencia, la nuestra puede aparecer en situaciones que nada tienen que ver con la vida y la muerte.

Es la forma que tenemos de afrontar las situaciones lo que nos diferencia del resto de los animales en cuanto a la ansiedad, porque es ahí donde actúa la parte más racional y desarrollada de nuestro cerebro: el **neocórtex**. La estrategia de afrontamiento que hayamos escogido será clave para nuestro bienestar: si nuestro afrontamiento es positivo, nos libramos de las consecuencias negativas de esa situación, y así nuestra ansiedad es menor.

Por eso, cuantos más recursos y estrategias tengamos a mano para afrontar los acontecimientos del día a día, más probabilidades habrá de que salgamos exitosos. Y hablo de acontecimientos del día a día porque casi cualquier situación puede desencadenar una respuesta ansiosa. Desde sucesos vitales de gran importancia, como un divorcio, hasta una molestia en apariencia insignificante, como perder el autobús.

En este sentido, los psicólogos Thomas Holmes y Richard Rahe elaboraron una lista con los acontecimientos vitales más importantes. Con la intención de prevenir la aparición de enfermedades, Holmes y Rahe asignaron un número a cada elemento de la lista dependiendo del grado de estrés o ansiedad que podía generar.

ESCALA DE CALIFICACIÓN DE REAJUSTE SOCIAL

Fuente: Holmes, T. H. y Rahe, R. H., «La Escala de Calificación de Reajuste Social», *Journal of Psychiatric Research*, 213-218, 1967.

1.	Muerte del cónyuge o la pareja	10
2.	Divorcio	73
3.	Separación	65
4.	Privación de la libertad	63
5.	Muerte de un familiar próximo	63
6.	Enfermedad o incapacidad grave	53
7.	Matrimonio	50
8.	Pérdida del empleo	47
9.	Reconciliación de la pareja	45
10.	Jubilación	45
11.	Enfermedad de un pariente cercano	44
12.	Embarazo	40
13.	Problemas sexuales	39
14.	Llegada de un nuevo miembro a la familia	39

15. Cambios en el trabajo   39
16. Cambios a nivel económico   38
17. Muerte de un amigo íntimo   37
18. Cambio de empleo   36
19. Discusiones con la pareja (cambio significativo)   35
20. Hipoteca de alto valor   31
21. Ejecución hipotecaria   30
22. Cambio de responsabilidades en el trabajo   29
23. Un hijo o hija abandona el hogar (matrimonio, universidad)   29
24. Problemas con la familia política   29
25. Logros personales excepcionales   28
26. La pareja comienza o deja de trabajar   26
27. Se inicia o se termina el ciclo de escolarización   26
28. Cambios en las condiciones de vida   25
29. Cambio en los hábitos personales   24
30. Problemas con el jefe   23
31. Cambio en el horario o las condiciones de trabajo   20
32. Cambio de residencia   20
33. Cambio de escuela   20
34. Cambio en las actividades de ocio   19
35. Cambio en las actividades religiosas   19
36. Cambio en las actividades sociales   18
37. Préstamo menor   17
38. Cambios en los hábitos del sueño   16
39. Cambios en el número de reuniones familiares   15
40. Cambio en los hábitos alimentarios   15
41. Vacaciones   13
42. Navidades   12
43. Infracciones menores de la ley   11

VALORACIÓN

Se considerará cómo ha afectado cada acontecimiento a lo largo de los últimos doce meses. Añada valores a la derecha de cada punto para obtener la puntuación final.
Su susceptibilidad de padecer una enfermedad o un problema de salud mental:

Baja <19
Ligera 150-200
Moderada 200-299
Alta >300

Preparado por Richard Lakeman como herramienta de aprendizaje. No es una herramienta clínica.
(Traducción de Josefa Cornejo)

Realizar la prueba es, en realidad, más fácil de lo que parece. Si quieres intentarlo, tan solo tienes que señalar aquellos acontecimientos que hayas vivido y sumar los números asignados a cada uno de ellos. Los autores consideraban que una persona con una puntuación inferior a 149 sería poco susceptible a sufrir algún problema relacionado con la salud mental, mientras que una que sumase más de 300 puntos tendría muchas probabilidades de padecer un trastorno de ese tipo.

¿Es posible controlar la ansiedad?

Noemí tiene 21 años y acude a terapia porque en los últimos meses ha encadenado varias crisis de ansiedad. Explica que está atravesando un mal momento, una crisis vital que la ha llevado a urgencias varias veces. A pesar de las reiteradas recomendaciones de los médicos de urgencias acerca de que debía visitar a un psicólogo, Noemí lo había pasado por alto hasta que hace una semana tuvo una crisis de pánico. Ahora, sentada en consulta, cuenta que pensaba que iba a morir ahogada.

Esta sensación es habitual entre aquellos quienes padecen **crisis de ansiedad y de pánico.** Pero ¿existe realmente esa posibilidad de morir ahogados? ¿Qué hacer ante la falta de aire durante una crisis de ansiedad? ¿Cómo hacer frente a los síntomas físicos que acompañan a la ansiedad y que tanto miedo provocan en quienes los sufren?

APRENDE A RECONOCER UN EPISODIO DE ANSIEDAD

1. **Reconoce los síntomas físicos**
Aunque entender el origen interno de la ansiedad es de vital importancia, no podemos obviar que los

primeros signos que nos alertan de que algo no va bien suelen ser físicos: dolor de cabeza, sudores fríos, respiración agitada y corazón latiendo desbocado.

2. Comprende su significado
Cuando aparece alguno de estos síntomas, nos centramos en ellos y nos olvidamos de todo lo demás. A veces ni siquiera se nos pasa por la cabeza que el dolor físico pueda ser consecuencia de nuestros pensamientos. Es común sentir que nuestro cuerpo y nuestra mente se disocian y centrar toda nuestra atención en las sensaciones corporales.

3. Anticipa el miedo y las emociones negativas
En nuestra cabeza, mientras tanto, aparece el primer obstáculo: el miedo arrincona nuestros pensamientos y se hace con el control de la situación. En ese momento aparecen sensaciones como la inquietud, el nerviosismo, la agitación y también el estrés. Ante la avalancha de emociones, la preocupación crece e impide que podamos centrarnos en algo que no sean nuestras propias impresiones.

4. Afronta la crisis
Entonces actuamos, pero lo hacemos de forma torpe, por medio de conductas de evitación, sin estar muy seguros de lo que hacemos. Lo que pensamos y sentimos, sea real o no, modela nuestra conducta. La velocidad de nuestra mente, que puede llegar a los 125

pensamientos por segundo, influye en nuestra manera de actuar. Y, al mismo tiempo, las ideas se encadenan, empieza a reinar el caos en nuestra cabeza y aparece el agobio.

Si quieres hacer frente a la ansiedad, no puedes crear una barrera entre tus pensamientos y tus sensaciones físicas. No puedes centrarte solo en tu cuerpo y olvidar la mente, ni tampoco al contrario. Solo si tienes en cuenta lo físico y lo mental podrás afrontar lo que te pasa.

multitud de pensamientos + sensaciones físicas intensas = conductas de afrontamiento

En terapia, muchos de los pacientes cuentan que no son capaces de distinguir entre lo que piensan y lo que sienten, y se preguntan lo siguiente: ¿es un problema? Pues la verdad es que sí, porque saber identificar nuestros pensamientos y tener plena consciencia de nuestro cuerpo nos ayuda a entender lo que pasa. De esta manera, podremos ponerle nombre a lo que sentimos. El simple hecho de verbalizar nuestros pensamientos y sensaciones nos permitirá actuar con más calma.

Solo actuando podemos frenar la ansiedad.

Sin embargo, un estudio reciente, publicado por la Asociación Estadounidense de Psicología, descubrió que, aunque un 67 % de la población había sufrido estrés y ansiedad durante el año anterior, tan solo una tercera parte hacía algo para manejar esas desagradables sensaciones. ¿Las razones? Los individuos no eran capaces de identificar el origen de lo que les pasaba y, por lo tanto, no sabían por dónde empezar. Al fin y al cabo, una de las características de la ansiedad es su capacidad de limitar a quienes la sienten, impidiéndoles ver la realidad tal y como es, y sustituyéndola por un cúmulo de ideas radicales que dificultan salir del ciclo de la ansiedad.

No obstante, la intensidad de las emociones provocadas por la ansiedad dependerá de la percepción de control que tengas: si consideras que lo que te genera ansiedad se escapa a tu control, es decir, si pones la causa de la ansiedad en el entorno, sentirás más ansiedad que si entiendes que tienes cierto control sobre aquello que la provoca.

Asumir o no la responsabilidad de lo que te ocurre determinará tu estado emocional y el resultado de lo que estás haciendo. Al delegar la responsabilidad de lo que te ocurre en los otros, entregas tu vida al azar y te sumes en un estado constante de espera que da pie a emociones como el miedo, la impotencia, la inseguridad, la tensión, la intranquilidad o la vergüenza. Además, corres el riesgo de caer en conductas como echar la culpa a los demás de las cosas que te pasan, victimizarte por no obtener lo que mereces y dudar del poder de tus propios esfuerzos.

Por el contrario, si coges las riendas de la situación, aunque no seas capaz de controlar todo lo que te pasa, lograrás establecer cierta coherencia entre tus intenciones y tu comportamiento. Al depender menos de los demás, podrás enfrentarte con mayor facilidad a los retos, pues tú marcas el ritmo. Eso no significa que te despidas para siempre de la ansiedad, pero sí que al asumir la responsabilidad te familiarizarás con emociones como la confianza, la serenidad, el entusiasmo, el interés y el orgullo.

Asimismo, determinar qué tipo de control ejerces sobre las diferentes situaciones a las que te enfrentas en tu día a día te ayudará a descubrir la cantidad de energía que o bien inviertes, o bien desperdicias con tus acciones. Solo mediante el autoconocimiento puedes cambiar aquello que no te gusta para extraer de cada experiencia algo positivo y poder vivir con mayor tranquilidad, satisfacción y optimismo. Debes asumir que el cambio es algo positivo, una constante que te permite reconciliar quién eres con quién quieres ser.

CONSEJO

Si tu objetivo es tomar el control de tu vida, entonces debes eliminar algunas creencias y comportamientos que pueden impedir el cambio:

Destierra las generalizaciones, las exageraciones y los extremismos.
No todo es blanco o negro. Por suerte, la vida es un proceso y puedes superar todos los inconvenientes que se te presenten si tienes el tiempo y la voluntad a tu favor.

2 **No saques un problema de contexto y vuelques toda tu atención en él.**
Si un aspecto de tu vida va mal, debes ser capaz de dejarlo en el sitio que le corresponde, porque si no te acabarás privando de disfrutar de las cosas que van bien. Por ejemplo, si tienes problemas en el trabajo y solo te permites pensar en ello, corres el riesgo de olvidarte de tus éxitos familiares o amorosos.

3. **No cargues con toda la responsabilidad de lo que te ocurre.**

Aunque es cierto que puedes intentar controlar muchas de las cosas que te pasan y que, de hecho, tomar el control de tu vida es positivo, los demás también tienen cierta influencia sobre lo que te sucede.

> EJEMPLO
>
> Si tu pareja te ha dejado por alguien a quien consideras más atractivo que tú, no puedes hacerte responsable y pensar que es culpa tuya por no ser más guapo.
>
> A veces, las personas con las que interactúas toman decisiones que no puedes cambiar. Si quieres alejarte de los pensamientos negativos, tienes que asumir que no todo está en tus manos.

4. **Controla la manera en la que evolucionan tus pensamientos cuando te enfrentas a una situación potencialmente peligrosa.**

Mucha gente, ante un ataque de ansiedad, pasa del «¿qué puedo hacer?» al «esto me asusta» y de ahí a las posibilidades catastróficas: «¿y si estoy teniendo un infarto?», «los síntomas dicen que podría morirme», «me voy a morir».

No dejes que tus pensamientos salgan de la fase de susto, donde aún eres capaz de controlar la situación, sabes que tienes el control y puedes tomar cartas en el asunto para poner freno al ciclo de la ansiedad.

5. **Escúchate.**

Pregúntate qué sientes, por qué lo sientes, cuál es el desencadenante de los pensamientos catastrofistas y cuáles son los elementos que normalmente los agravan.

6. **Analiza tu situación actual en busca de problemas familiares, personales, amorosos o laborales que estén causando los problemas.**

Observa cómo te hacen sentir esos problemas: ¿triste? ¿Intranquilo? ¿Preocupado? ¿Te sientes superado por los pensamientos negativos?

7. **Y, por último.**

Piensa si te enfrentas de manera óptima a la situación o si, por el contrario, tus creencias y pensamientos te lastran y te impiden avanzar hacia el bienestar.

Lo que hagas durante y después de un ataque de ansiedad es importante. Sin embargo, lo que hagas antes lo es aún más, pues en el manejo de las situaciones estresantes, la **anticipación** es la antesala del éxito o del fracaso. Pero igual de importante que anticiparse es ser cuidadoso al hacerlo. Tan malo es no anticiparse como preocuparse en exceso por cosas que pueden o no suceder.

Anticiparse no es más que entrenarse mentalmente para hacer frente a situaciones potencialmente estresantes.

Es una buena táctica, porque, si logras planear tus acciones de antemano, en un momento de calma te familiarizas con ellas y entonces será mucho más fácil superar el bloqueo mental que te impide desenvolverte como deberías en un momento de nerviosismo. Pero no hay que olvidar que lo que piensas afecta directamente a lo que sientes. Si estás asustado, tu cuerpo se activa y se prepara para huir, lo que puede retroalimentar tu nerviosismo. El vínculo entre mente y cuerpo es indestructible, de modo que si tu mente está en estado de reposo o de alerta, tu cuerpo también.

Entonces, ¿anticiparse es bueno o malo? La anticipación es buena siempre que sea de manera controlada. Se trata de una respuesta adaptativa humana, muy útil para conocer una situación más o menos novedosa y aprender a controlarla mejor. El problema viene si caes en ideas recurrentes que son perjudiciales para tu mente. ¿Por qué? Porque entonces creas unas expectativas poco realistas y actúas en consecuencia a tus expectativas, de manera totalmente desproporcionada. Tanto es así que, en ocasiones, esos pensamientos pueden provocar ansiedad incluso mucho antes de que suceda el acontecimiento al que se refieren.

EJEMPLO

Si tienes una entrevista de trabajo, es posible que al anticiparte alcances una respuesta máxima de ansiedad la tarde de antes, ya que visualizas posibles situaciones extremas que quizás no ocurran nunca. Por eso, tan importante como recurrir a la anticipación para prevenir la ansiedad es saber hacerlo de la manera correcta.

En el caso de la entrevista de trabajo, puedes empezar por preguntarte qué es lo peor que podría pasarte. Si eres realista, responderás: «que no me seleccionen». Esta posibilidad, que es sin duda lo peor que podría ocurrirte en esa situación, es perjudicial, pero no dramática. Puedes sobrevivir a la desilusión y, sobre todo, puedes estar seguro de que no es tu última opción: habrá más posibilidades de encontrar trabajo.

Además, tienes que ser consciente de que, una vez que llegues allí, sentirás un mínimo de nerviosismo. Es normal, se trata de una respuesta fisiológica y significa que tu cuerpo y tu mente se están preparando para enfrentarse a un reto.

No puedes obligarte a mostrarte completamente impávido, o demasiado relajado, ante una situación estresante, porque eso inhibirá la activación mental. El punto justo es estar enfocado en el objetivo; si eso te pone nervioso, no pasa nada, porque eres consciente de que estás preparado y de que te puedes defender. Lo importante es que el miedo no se apodere de ti, que seas tú quien controle la situación, y no al revés. Si tú sales satisfecho, será más que suficiente, lo demás ya no está en tus manos.

CONSEJO

Así que, en resumidas cuentas, los pasos para anticiparse a la ansiedad como es debido son:

- Visualizar la situación de forma natural y espontánea: dejar que las emociones y los pensamientos fluyan.
- Preparar la situación lo más lógica y objetivamente posible: analizar lo que tienes que hacer, planear cómo vas a hacerlo y prestar atención a los pequeños detalles, puesto que la probabilidad de que algo se descontrole aumenta si dejas demasiado espacio a la improvisación. En este paso, lo importante es que te hagas con el control de todo lo que está en tus manos para así reducir los riesgos al mínimo.
- Analizar el discurso interno: escuchar tus propias ideas y reflexionar sobre las palabras que utilizas para expresarlas. Así, podrás cambiar los pensamientos catastrofistas por otros más positivos.
- Imaginar el resultado: revisar las sensaciones y, si no te gusta lo que sientes, volver sobre los pasos anteriores para captar si se te ha escapado algo y poder conseguir un resultado más satisfactorio.
- Calcular qué es lo peor que te puede pasar: analizar cuántas probabilidades hay de que eso suceda y revisar qué herramientas tienes para enfrentarte a ello.
- Tener en cuenta que el nerviosismo es normal: estar preparado para sentir un mínimo de tensión.
- Celebrar el resultado si has salido airoso; si no, examinar los pasos que te han llevado hasta allí y comprobar si es posible modificar algo.

También puedes controlar tu estado emocional durante la situación potencialmente ansiosa. Para ello, es importante que estés atento a lo que sientes y a lo que haces: vigila tu respiración, tus pensamientos y tu nivel de motivación. Si hay algo que no funciona, hazte esta pregunta: ¿puedes cambiar la situación? Si la respuesta es no, entonces debes plantearte si sentir ansiedad tiene sentido. Cuando algo se escapa de tu control, deja de darle vueltas y acéptalo, y así evitarás que la ansiedad se dispare. Durante el ciclo vital, los seres humanos nos topamos con multitud de situaciones que, aunque no nos gustan, no podemos obviar. Aceptar este principio y asumir que las cosas no siempre salen como queremos es clave no solo para vivir sin ansiedad, sino también para llevar una vida feliz.

CONSEJO

Por eso, ante cualquier situación, es útil plantearte en cuál de los siguientes puntos te encuentras:

- Tienes el control directo.
- Tienes cierto control, pero necesitas ayuda externa.
- No tienes ningún control.

Aunque puede parecer un paso muy pequeño, también es muy útil. Identificar en qué punto estás sirve para conseguir tres cosas: alejarte de ideales imposibles, adaptar tu respuesta a la situación y actuar de forma directa y sin ambigüedades.

No todo es ansiedad

Lorena acudió a consulta porque soportaba mucho estrés y estaba convencida de que tenía un trastorno de ansiedad. Cuando llegó al psicólogo no esperaba un diagnóstico, sino una confirmación. El estrés y la ansiedad guardan algunas similitudes en cuanto a sus síntomas. Por eso muchas personas, como Lorena, no saben reconocerlos y los toman por sinónimos. Lorena tampoco sabe que, dependiendo de la intensidad de los síntomas, la ansiedad y el estrés se pueden clasificar en varios tipos. Así, podremos estar ante un cuadro de ansiedad generalizada o de estrés crónico.

Lo cierto es que, por norma general, cuando se piensa en la ansiedad se identifica el trastorno como la suma de sus síntomas: pensamientos negativos, sudores, mareos, falta de aire, ritmo cardiaco desenfrenado...

> Sin embargo, debemos tener una cosa
> muy clara: que haya síntomas de ansiedad
> no implica que haya ansiedad en sí.

A veces, los síntomas surgen a causa de un suceso o un estado desagradable sin que exista un trastorno que los provoque. De hecho, es lo más habitual. A consulta acude una cantidad notable de personas que no quieren tratar un trastorno, porque no lo tienen, sino aprender a gestionar situaciones del día a día que les generan estrés: gente que se paraliza ante los exámenes, que no duerme pensando en eventos importantes... Tratar estos síntomas es más sencillo que luchar contra la ansiedad como trastorno, puesto que esta suele ser fruto de un complejo entramado de experiencias difíciles de digerir. Es decir, mientras que la ansiedad es un patrón de la personalidad provocado por un episodio intenso que no responde a estímulos concretos, los síntomas son alteraciones puntuales causadas por situaciones concretas.

Sin embargo, algunas de las personas que sufren los efectos de estos síntomas llegan a terapia encajonadas en una **etiqueta autoimpuesta**. En vez de pensar que están nerviosas, creen que tienen un trastorno de ansiedad. De esta manera, al verbalizar ideas que no son reales, distorsionan su comportamiento y actúan de acuerdo a un trastorno que no padecen.

> CONSEJO
>
> Si te acostumbras a analizar cuál es el motivo que hace que te sientas de una determinada manera, podrás ver el final y, por lo tanto, la solución. De lo contrario, entrarás en un bucle de estrés sin resolver que puede desembocar en un trastorno más serio.

Poner en palabras lo que sientes es completamente necesario, pero es mejor ser cauto y evitar palabras mayores. De un tiempo a esta parte, existe cierta tendencia a banalizar determinados términos relacionados con el estado emocional, como «ansiedad», «depresión», «toc» o «bipolaridad». La mayoría de las veces, no obstante, nada tienen que ver estos términos con la realidad emocional que pretenden describir quienes los usan.

Y es que las etiquetas, en psicología, entrañan algunos riesgos:

1. Al abusar de las etiquetas nos arriesgamos a simplificar a una persona en toda su complejidad. Tendemos a definir a las personas en términos absolutos relacionados con su trastorno. Así, resulta más fácil ignorar otras facetas y caer en la despersonalización. No vemos a las personas con problemas de salud mental como individuos independientes, sino como estereotipos vivientes. Es necesario cambiar esta percepción, porque de este modo solo contribuimos a estigmatizarlas: las aislamos, nos referimos a ellas de forma peyorativa y dificultamos el acceso a los servicios de salud mental, porque nadie quiere admitir que le pasa algo que está mal visto a nivel social.

2. Una vez que desaparecen los síntomas, cabe la posibilidad de que la etiqueta perdure en el tiempo, junto con todas esas connotaciones peyorativas. Al fin y al cabo, nuestro cerebro primitivo tiende hacia la comodidad y ve las etiquetas como algo válido e inamovible que no merece la pena cambiar.

3. Si se abusa de etiquetas en consulta, el psicólogo cae en la tentación de reducir al paciente a su trastorno y eliminar los círculos concéntricos que giran a su alrededor: relaciones sociales, situación profesional, ambiente, etc.

EJEMPLO

El psicólogo David Rosenhan llevó a cabo un estudio conocido como el experimento de Rosenhan.

Durante el experimento, los investigadores ingresaron en un hospital tras afirmar que oían voces. Se les diagnosticó esquizofrenia. Una vez dentro, comenzaron a actuar de manera completamente normal, pero el personal del hospital, que los creía enfermos, seguía encontrando evidencias de trastorno en su conducta.

El contexto en el que vivimos unos determinados hechos influye de manera poderosa en el significado que damos a tales hechos. Si etiquetamos a los demás, percibimos en su comportamiento aquello que ya estábamos predispuestos a ver cuando los encasillamos en un determinado adjetivo.

El objetivo es que logres dar un significado distinto a lo que sientes. Que en los momentos de estrés y ansiedad utilices el lenguaje con mesura, porque te ayudará a establecer metas realistas y a ver el cambio como una posibilidad viable.

Pero el cambio a veces da miedo, ¿verdad? Te obliga a tomar decisiones y a renunciar al *statu quo*, es decir, a la normalidad, e intuyes que esta entraña menos riesgos que lo novedoso, incluso si el estado en el que te encuentras no es el ideal para ti, porque la costumbre es poderosa y te empuja a pensar eso de «mejor malo conocido que bueno por conocer».

Si te asusta salir de la **zona de confort**, puedes probar a analizar todo lo que rodea el cambio. Visualiza tus expectativas: ¿cómo serás si te atreves a dar ese paso? ¿Te encontrarás mejor? Y pregúntate también si es el mejor momento para hacerlo, si tienes suficiente energía o si, por el contrario, intentarlo te dejará completamente drenado, frustrado por no haber logrado tu objetivo. Por último, pregúntate cuál es el coste de cambiar: ¿Pesa más lo positivo que lo negativo? Si al responder estas preguntas el sí gana por goleada, entonces ha llegado el momento de decidir qué objetivos quieres lograr si cambias.

Para construir un objetivo a prueba de frustración, debes procurar que sea específico, realista y cuantificable. Esto último es de vital importancia, porque, al medir cuántas veces te has encontrado mejor desde que decidiste salir de tu zona de confort, podrás saber si ha merecido la pena. Además, te va a permitir analizar qué aspectos no has logrado afrontar, cuántas creencias debes modificar aún y cuánto queda para llegar al punto ideal de bienestar que imaginaste antes de dar el paso.

Pero lo más importante, sin lugar a dudas, es que tus objetivos han de ser tuyos y solamente tuyos. Cuando el cambio se impone desde fuera, es muy difícil reunir la motivación necesaria para llevarlo a cabo.

Si, como decíamos antes, tu objetivo es cambiar tu manera de afrontar el estrés, lo primero que tienes que hacer es cambiar la forma en la que hablas de tus sensaciones. Deja de decir «Estoy atacado» y empieza a decir «Estoy nervioso, pero puedo controlarlo»; olvídate del

«Siento mucha angustia» y opta por el «Tengo una sensación normal de tensión provocada por una situación que
es importante para mí»; se acabó lo de «Me cuesta respirar, me voy a morir» y apuesta por «Me cuesta respirar,
pero es un síntoma aislado que desaparecerá si evalúo
mis posibilidades».

Hemos empezado este subapartado afirmando que no todas las
señales de nerviosismo evidencian un trastorno de **ansiedad
crónica.** No obstante, a veces sí indican un tipo de ansiedad menos preocupante, pero que en momentos puntuales llega a alcanzar el mismo grado de intensidad que la ansiedad crónica: la
ansiedad pasajera.

De vez en cuando, las experiencias del día a día adquieren tal
intensidad que se convierten en fuente de ansiedad. La subida
de los precios, las tareas del hogar o el aspecto físico, por poner
algunos ejemplos, provocan irritación y frustración. No es extraño
que, en muchas ocasiones, estas molestias salgan a la luz en terapia. Aparecen de forma recurrente, se acumulan y, lo queramos o
no, suponen un gasto de energía.

Sin embargo, es necesario aprender a diferenciar
la ansiedad pasajera de la ansiedad crónica.

Aunque la ansiedad puntual puede ser tan intensa como un episodio de ansiedad crónica, la primera será de menor duración y
nos resultará más fácil restaurar el equilibrio emocional. La ansiedad provocada por episodios pasajeros puede llegar a alargarse
en el tiempo. Por ejemplo, es posible que el estado ansioso

provocado por una pérdida de trabajo se cronifique durante la búsqueda de empleo.

Sentir un poco de ansiedad de vez en cuando es normal. La ansiedad es una respuesta natural ante el peligro, que nos prepara para hacer frente a situaciones complejas, peligrosas o de emergencia.

Aun así, es necesario aclarar que no todas las situaciones desagradables generan estrés, ni mucho menos ansiedad. En nuestro estado normal, los seres humanos experimentamos cierta activación corporal; si no, estaríamos muertos. La **activación** nos permite vivir, disfrutar y anticiparnos a lo que puede pasar. Muy poca activación es mala; demasiada, también. La clave está en el equilibrio.

Al sentir demasiadas emociones positivas, estas sobrepasan el umbral emocional y el cuerpo se desestabiliza. Cuando no llega a la activación mínima, también es fácil perder el equilibrio.

> Cualquier emoción extrema puede llegar a ser perjudicial para el cuerpo y la mente.

Si cruzar el umbral, hacia cualquiera de los dos extremos, afecta a la salud emocional, podemos afirmar que la ausencia de estrés es tan negativa como el exceso de estrés.

- En psicología se denomina **eustrés** a la cantidad óptima de estrés que se necesita para afrontar el día a día. El eustrés es una fuente de fuerza y positividad.
- En el lado opuesto se encuentra el **distrés**, un estrés negativo que provoca desánimo y falta de energía.

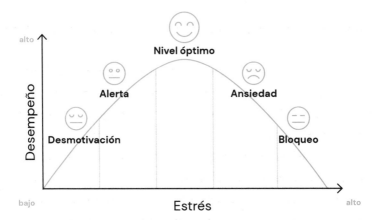

EJEMPLO

En el entorno laboral, tener cierto nivel de energía es necesario para sentirse activo y cómodo al mismo tiempo, para estar despierto y poder disfrutar del trabajo que estamos realizando. No obstante, algunas tareas son tan monótonas y aburridas que impiden la activación. Cuando no nos llegan los suficientes estímulos y percibimos que lo que hacemos no es útil, es normal sentir ansiedad por aburrimiento.

Igual de perjudicial es el supuesto contrario, en el que una sobrecarga de trabajo produce demasiados estímulos y acaba generando estrés. Al no observar ninguna recompensa positiva, ambas situaciones podrían desembocar en una reacción de huida.

Lo mismo ocurre con las relaciones personales: el equilibrio nos motiva, pero no nos quita energía, sino que nos provoca un subidón y, de esta manera, impide que caigamos en el aburrimiento.

La parte más primitiva e instintiva de nuestro cerebro entra en juego aquí. Si queremos entender la conducta humana, es indispensable comprender cómo funciona este **cerebro primitivo**:

- Lo aburrido lo ignora.
- Lo peligroso genera una reacción de lucha o huida.
- Lo complicado lo resume, debido a la falta de recursos de esta parte del cerebro.

Una vez comprendido esto, es fácil entender que la tranquilidad llega ante la ausencia del miedo, que es el encargado de activar nuestros mecanismos de defensa.

Sentimos bienestar cuando nuestro cerebro primitivo
no percibe ninguna amenaza.

Con todo, de manera errónea solemos pensar que es el cerebro racional el que controla y supervisa las emociones. Este nos dirá: «oye, es importante que aceptes que el ser humano siente ansiedad de vez en cuando», mientras que el primitivo puede responder: «sí, de acuerdo, pero no quiero sentirla constantemente, porque la ansiedad me quita energía y yo tengo que dedicarme a un montón de cosas». Así que identificar cómo interactúan las diferentes partes del cerebro cuando aparece la ansiedad es el primer paso para comprender por qué la sentimos.

El poder de las palabras contra la ansiedad

 A día de hoy Virginia está a punto de terminar su terapia psicológica, y lo cierto es que se la ve más contenta. Ha aprendido a ver sus problemas desde otra perspectiva, a relativizar lo que le pasa y, sobre todo, a no agobiarse pensando que tiene un problema mucho más grande del que realmente tiene. Ahora sabe que la manera en la que dice las cosas es tan importante como lo que dice.

Con la práctica, cualquiera puede quitarse la mala costumbre de recurrir siempre a expresiones negativas. Para ello, lo primero que tienes que hacer es escucharte a ti mismo. Solo si eres plenamente consciente de tu forma de comunicarte podrás cambiarla e incorporar esas palabras que provocan una sensación positiva en quienes las dicen y en quienes las oyen. Se trata de términos sanos y constructivos, que te hacen parecer sincero y auténtico y que logran que los demás confíen en ti.

Aunque usar el lenguaje positivo siempre es beneficioso, lo es aún más cuando te enfrentas a situaciones dolorosas, complicadas o estresantes.

Las palabras funcionan como una especie de interruptor que permite regular el estado emocional.

No es tan extraño. Si las palabras de ánimo que provienen de aquellos que te rodean te ayudan a recargar tus niveles de energía positiva, es lógico pensar que puedes conseguir el mismo efecto a través de tu diálogo interno.

 Si quieres ser consciente de tu forma de expresarte, analiza qué palabras usas en tus mensajes, en tus redes sociales y en tus conversaciones, y fíjate en cuáles aparecen con mayor frecuencia. Procura hacerlo en una semana relativamente normal, y no cuando haya sucedido algo muy estresante, porque la intención es que esas palabras sean representativas. Trata de recordar las que te gustan, aquellas que te provocan sensaciones positivas, para que puedas sacarlas en los momentos difíciles.

Analiza también las que menos te gustan y piensa por qué las has usado y en qué contexto lo has hecho. Esas son las palabras que te restan energía y que ejercen un impacto negativo sobre los demás y sobre ti mismo. Hay frases que no importa el contexto en el que las pronuncies, siempre transmiten malas sensaciones. Y lo peor es que muchas personas las utilizan sin pensar en el daño que pueden causar. Hablamos de expresiones como:

- Me esperaba otra cosa de ti.
- Tú verás.
- Yo soy así.
- Las cosas son así.

- Yo no digo nada, pero...
- Ya veremos.
- Siempre estás con lo mismo.
- No es para tanto.

Es normal que este tipo de expresiones aparezcan cuando tienes miedo o cuando estás nervioso o preocupado: estas emociones impactan en tu cuerpo, en tu cerebro, en tu respiración y, por supuesto, en tu forma de expresarte. No puedes eliminar su uso en estas situaciones, porque el cerebro lo entendería como un intento de eliminar esas emociones en sí, que, como ya hemos explicado, pretenden asegurar nuestra supervivencia ante los peligros. Lo que sí que puedes hacer es contrarrestar las sensaciones que te producen y volver a encontrar el equilibrio por medio de **afirmaciones positivas**.

El lenguaje es un mecanismo que sirve para generar espacios emocionales positivos. Tu diálogo interno tiene la capacidad de moldear tus niveles de energía y vitalidad. La manera en la que se expresa tu círculo social también influye en tu equilibrio emocional, pues tendemos a imitar la forma de actuar y de hablar de quienes nos rodean. De hecho, se considera que el lenguaje tiene tal impacto que influye incluso en las emociones de los bebés. Pero también durante la etapa adulta eres susceptible al poder de las palabras.

Por ejemplo, una investigación de los investigadores del Laboratorio Nacional Brookhaven de Nueva York demostró que escuchar la palabra «no» desencadena emociones negativas. Esto sucede porque el «no» está asociado a la prohibición, a los castigos, al miedo y a la falta de libertad. Hace que se activen mecanismos de protección, por eso cuando lo oyes te pones automáticamente en alerta. De ahí que, en la actualidad, se use cada vez menos para educar a los niños a fin de no condicionar su aprendizaje. En lugar de reprender con «no grites tanto», es mejor decir «si gritas molestas a los vecinos», y en vez de «no rompas los juguetes», es preferible «cuida tus juguetes si quieres seguir divirtiéndote con ellos».

Puedes aplicar esto mismo a tu comunicación adulta, extendiéndolo también a otras expresiones con connotaciones negativas que seguro que usas a menudo, como, por ejemplo:

EXPRESIONES LIMITANTES	EXPRESIONES QUE DAN PODER
El verbo **ser** denota cronicidad, rigidez e invariabilidad. Decir «soy un tardón» implica que no estás dispuesto a cambiarlo.	Los verbos **estar** y **parecer** aportan una definición temporal: «parezco un tardón porque he llegado tarde dos días seguidos».
Términos absolutos: «yo **nunca/ siempre** lo he hecho así». De nuevo, indican que algo no puede cambiarse.	Expresiones que te ayudan a **avanzar**: «voy a probar de otra manera» o «la próxima vez haré algo distinto».
Los **ataques personales**: «tú no sabes hacerlo».	Frases que ofrecen una **solución** o un nuevo enfoque: «quizás si lo haces de esta manera obtendrás mejores resultados».
Frases **catastrofistas** y exageradas: «está todo mal, no hay nada que hacer».	**Explicaciones** concretas y detalladas: «buscamos algo más visual en este proyecto, puedes probar a hacer algo así».
...	...

Seguramente alguna vez te hayas sentido herido por las palabras que has recibido. Muchas veces el problema no son las intenciones, sino las malas dotes comunicativas de nuestro interlocutor.

EJEMPLO

1. Vida laboral

En el mundo laboral, donde se supone que la comunicación ha de ser clara y profesional, es común sufrir por el lenguaje mal utilizado. Algunas personas que deben dar órdenes o supervisar a un equipo olvidan lo importante que es transmitir información clara y sin rodeos, que no dé lugar a confusión y que no sea ambigua.

Si no sabes qué hacer, ni qué se espera de ti, es imposible que cumplas con un trabajo de calidad, porque no tienes los objetivos claros. De ahí la importancia de preguntar cuando estés perdido, aunque te invadan el miedo y la vergüenza, porque es la única manera de dar sentido a tu trabajo.

2. Vida personal

Cuando algo no te cuadra o no entiendes la manera de obrar de otra persona, tienes que procurar aclarar el malentendido. Anticipar, suponer y adivinar son costumbres que dan malos resultados. Además, debes recordar que la comunicación siempre es cosa de dos. Podríamos decir que dos se entienden si uno quiere.

Entonces, entrenar el lenguaje positivo es importante porque:

- Cuanto más lo usas, más fácil te resulta desechar las palabras pesimistas.
- Como la gente de alrededor te imita, se crea un ambiente lleno de energía donde prima la buena comunicación.
- Te sientes con más fuerza, porque el lenguaje ayuda a moldear los actos.
- No estás inmerso en la negatividad y valoras más las cosas del día a día. Te concedes tiempo para parar y apreciar las cosas buenas que tienes alrededor.
- No estás en una eterna competición, disfrutas de la vida y la vives con más sosiego.
- El pensamiento positivo te ayuda a centrarte. No estás tan perdido como antes.
- El miedo a expresar lo que sientes disminuye. No estás a la defensiva, porque sabes que tienes más control si intervienes.
- Cambias la energía caótica y no gestionada por una energía canalizada a lo que más te interesa.
- Sustituyes las palabras negativas por palabras que te hacen sentir mejor y avanzar.

 Si no sabes por dónde empezar, te recomiendo que comiences por prestar atención a la manera en la que expresas cómo te sientes: ¿qué grado de concordancia hay entre lo que sientes y cómo lo dices?, ¿podrías expresarlo de una forma menos alarmista? Como, por ejemplo:

ME SIENTO...	¿PUEDO TRANSFORMARLO EN...?
Ansioso	Un poco preocupado
Insultado	Malinterpretado
Humillado	Incómodo
Agotado	Cansado
Deprimido	Bajo de energías
Herido	Molesto
Disgustado	Sorprendido
Rechazado	Incomprendido
Tenso	Alerta
Estúpido	Estoy aprendiendo

En el momento en que las palabras negativas son parte de tu pasado, puedes empezar a entrenar un lenguaje excelente para utilizarlo cuando la ocasión lo requiera y alimentar aún más las sensaciones positivas:

«ME SIENTO...» LENGUAJE POSITIVO	«ME SIENTO...» LENGUAJE EXCELENTE
Satisfecho	Feliz
Sereno	Contento
Interesado	Emocionado
Confiado	Lleno de poder
Fuerte	Invencible

¿Soy yo la causa de mi ansiedad?

Hugo es un adolescente que llegó a consulta tremendamente agobiado, dándole vueltas a un tema que parece de vital importancia: ¿qué voy a hacer durante el resto de mi vida? En las últimas semanas había cambiado hasta tres veces su decisión respecto a la carrera que le gustaría cursar tras acabar el instituto. Tenía la impresión de que cometer un error sería lo peor que le podría pasar y, por eso, nunca terminaba de estar seguro de sus decisiones. También se sentía superado por las expectativas de los demás sobre su futuro, temía decepcionarlos y, además, le tenía miedo a la frustración.

Cuando algo no funciona como debería, nuestro organismo le abre las puertas a la ansiedad. Es una respuesta fisiológica al miedo, un mecanismo que nos prepara para ejecutar una conducta de lucha o huida y que está presente también en el cerebro de los animales, pues es una reacción primitiva.

Como hemos comentado, esto no quiere decir que nuestro cerebro sea igual que el de los animales. Está mucho más desarrollado y cuenta con numerosas herramientas que pueden ayudarnos a solucionar los problemas: el lenguaje, la reflexión y la proactividad son solo algunas de ellas.

Pero, de vez en cuando, los pacientes acuden a terapia porque han dejado de lado estas respuestas más complejas, han confiado demasiado en el mecanismo de lucha o huida y se han expuesto a la frustración, la ira y la irritabilidad.

¿Por qué rara vez funciona este mecanismo de lucha o huida? Pues bien, se debe a que en el mundo en el que vivimos no nos enfrentamos a los problemas a los que se enfrentaban nuestros antepasados. Ya no tenemos que plantar cara a las fieras, ahora nuestros conflictos del día a día tienen que ver con las personas: con los demás, sí, pero también con nosotros mismos.

Quizás te estés preguntando: «¿cómo voy a ser yo la causa de mi ansiedad?». En realidad, te sorprendería saber cuántas veces son tus propias creencias las que te impiden alcanzar el bienestar emocional.

Y es que los seres humanos tenemos una serie de **derechos emocionales** que nos protegen de nosotros mismos y de los demás.

1. Tenemos derecho a no dar explicaciones de todo lo que hacemos.

   Multitud de personas creen tener el deber de justificar constantemente su conducta, y lo único que consiguen es supeditar su bienestar a las opiniones de los demás y perder energía en el camino. Es importante ser consciente de que, una vez llegados a la edad adulta, nuestro cerebro ya está desarrollado y no necesitamos la supervisión de nadie para actuar con cabeza. Por supuesto, los demás tienen derecho a opinar, pero en última instancia cada uno es dueño de sus decisiones y no debe dejarse manipular por el resto.

2. Tenemos derecho a cambiar de opinión.

   Al fin y al cabo, los seres humanos estamos inmersos en un proceso de cambio constante, en eso consiste la vida. Cambiar de opinión es síntoma de madurez, creer que una vez que te has comprometido no debes cambiar de parecer es una creencia absolutamente infantil.

3. Tenemos derecho a decir «no lo sé».

   Nadie nace sabiendo y admitirlo es mucho más sano que ir por la vida fingiendo que tenemos control sobre cosas que no están en nuestras manos.

4. Tenemos derecho a cometer errores.

   Como reza el popular dicho: «errar es humano». Entonces, ¿por qué deberíamos sentirnos culpables cuando fallamos? Todos estamos inmersos en un proceso de aprendizaje que no existiría sin los errores. Es cierto que, a veces, cuando cometemos un error, dañamos a los demás. De nada sirve castigarse por ello. Lo mejor que podemos hacer en ese caso es explicar al otro lo ocurrido: la comunicación y la escucha activa son clave si queremos que ese error no se vuelva a cometer.

5. Tenemos derecho a decir «no me importa» y «no me interesa».

Entonces, ¿por qué no vivimos de acuerdo con estos derechos? ¿Por qué nos imponemos a nosotros mismos deberes que no nos benefician y nos impiden ser libres? ¿Por qué no pasamos del «yo debo» al «yo deseo»?

Es un ejercicio más difícil de lo que parece, porque nuestras creencias son la base de nuestra conducta, los cimientos que sujetan nuestra identidad.

Ahí reside, precisamente, su valor: cambiar de creencias es cambiar de estilo de vida.

CONSEJO

La próxima vez que dudes entre hacer lo que quieres y lo que los demás te instan a hacer, piensa: «los demás son libres de dar su opinión, pero sé que la decisión final está en mis manos, porque soy yo quien va a asumir las consecuencias de mis actos». La próxima vez que sientas presión por ser perfecto, piensa: «la perfección es un ideal inalcanzable, y perseguirlo solo me genera frustración. Mi objetivo no es ser perfecto, sino ser feliz».

Solo si te despides de las creencias dañinas, podrás dejar de malgastar energía en aquello que no te aporta, para empezar a invertir esa energía en lo que te hace sentir bien.

No vas a conseguir cambiar de actitud de un día para otro. De hecho, necesitarás usar toda tu inteligencia y servirte también de tu memoria, tu creatividad y tu atención. Tal vez pienses que ya estás usando estos recursos. Pero déjame decirte que en muchas ocasiones los utilizamos de manera pasiva, por inercia y sin pararnos a pensar. En definitiva, usamos los recursos que nos han dado millones de años de evolución por mera costumbre, sin preguntarnos si los estamos utilizando de la forma adecuada.

Cuando te dejas llevar por la pasividad, corres el riesgo de caer en una excesiva comodidad que te lleve a una falta de energía y de ahí a sentimientos como la apatía o la desmotivación. Las personas proactivas, en cambio, tienden a ser imaginativas, cambiantes, fuertes y flexibles. Son personas que se enfrentan constantemente a retos y salen reforzadas de ellos.

> Para ser proactivo, hay que tener muy claras
> tres cosas: quién eres, qué quieres y qué tienes
> que hacer para conseguirlo.

CONSEJO

Para alcanzar tus metas:

1. Tendrás que trabajar en el ser: plantéate quién eres, cuáles son tus valores, qué es lo que te hace feliz, quién quieres ser y cuáles son tus objetivos.

2. Céntrate en el hacer: pregúntate qué tienes que hacer para alcanzar tus metas. Desgrana esas metas en objetivos más pequeños a los que puedas enfrentarte con las herramientas de las que dispones.

3. Una vez hecho esto, podrás centrarte en el tener, en el resultado que buscabas.

Y es que muchas personas quieren cambiar, pero ignoran qué orden seguir para hacerlo. Si quieres algo y pasas a la acción sin plantearte antes quién eres, ten por seguro que no llegarás a tu destino, porque no estarás siguiendo los pasos adecuados para ti.

Los demás me generan ansiedad

Cuando Dani llegó a consulta tenía 12 años y una timidez muy marcada, pero se mostraba colaborador: no tenía problemas en explicar su historia, contaba anécdotas del cole e incluso salpicaba su discurso con chistes. ¿Qué pasaba? Dani somatizaba la ansiedad ante situaciones sociales, aunque no fueran más que una fiesta de cumpleaños o una reunión familiar. Así que decidí probar. Como en la consulta había otros niños de edades similares y con perfiles y sintomatologías parecidos, se organizó una terapia de grupo con el pretexto de montarles una fiesta para que hicieran amigos nuevos. Con todo dispuesto y la «fiesta» en marcha, las sospechas se confirmaron: Dani no padecía timidez, sino ansiedad social.

Los seres humanos somos criaturas sociales que necesitan de los demás para sobrevivir. Aun así, a veces pasamos por experiencias sociales que nos provocan sensaciones desagradables. Algunos nos ponemos muy nerviosos cuando tenemos que hablar en público o cuando acudimos a una cita, y otros, cuando vamos a un lugar donde no conocemos a nadie.

En psicología llamamos a esto **ansiedad social**, que no es otra cosa que el miedo o la angustia provocados por una situación social. Quienes padecen este trastorno tienen miedo a quedarse bloqueados, a no estar a la altura de las circunstancias, a que se rían de ellos... En definitiva, temen quedar en ridículo delante de otras personas.

Como cualquier tipo de ansiedad, la ansiedad social se retroalimenta de sus propios síntomas. Cuando una persona está nerviosa ante una situación determinada y empieza a notar que le sudan las manos, que tiembla o que le duele el estómago, se pone aún más nerviosa y entra en un círculo vicioso del que puede ser muy complicado salir.

No siempre es fácil diagnosticar la ansiedad social. Quienes la sufren pueden pensar que se enfrentan a una timidez excesiva. Además, muchas veces es una ansiedad latente: aunque está ahí, no la sentimos si no aparece un evento que la desencadene.

También las creencias cumplen un importante papel cuando hablamos de la ansiedad social. En muchas ocasiones, este trastorno surge cuando nos enfrentamos a situaciones que se repiten de forma frecuente en nuestra vida y que nosotros calificamos como difíciles. Al poner esa etiqueta, le decimos a nuestro cerebro que no podemos con ellas y desarrollamos una conducta anticipatoria de ansiedad que aparece ante la simple perspectiva de que se vuelva a repetir esa situación. La parte positiva es que nosotros tenemos poder sobre nuestras creencias, que no son más que el esquema mental que construimos a medida que acumulamos vivencias. Pero, si queremos cambiarlas, primero tendremos que identificarlas.

Pensamientos como «voy a perder el control», «todos van a estar mirándome» o «voy a hacer el ridículo» resultan evidentemente catastrofistas cuando los analizamos fríamente. Sin embargo, lidiar con la ansiedad requiere tanta energía que a menudo nuestra capacidad analítica se queda bajo mínimos. Así, quienes sufren ansiedad social se ven tan superados por sus emociones que no pueden prestar atención más que a sí mismos y generalizan pensando que el supuesto ridículo que están haciendo es tan evidente para los demás como lo es para ellos.

Estas creencias influyen directamente en la forma en la que actúan y los puede llevar a poner en marcha:

- Conductas de evitación, como puede ser cancelar una cita para no enfrentarse a ella.
- Conductas de seguridad que le permiten sentirse a salvo, como ir a un evento social, pero mantenerse alejado de todo el mundo para evitar los juicios externos.

Tanto las conductas de evitación como las conductas de seguridad son parches que permiten mantener cierta sensación de control en el momento, pero que a la larga generan rabia, tristeza, impotencia y decepción con uno mismo.

> La verdadera solución pasa
> por cambiar la forma de pensar.

Pero, si queremos evitar que estas conductas se repitan en el futuro, quizás deberíamos empezar por entender cuál es su origen.

Habitualmente, cuando en terapia nos embarcamos en una investigación para identificar de dónde viene la ansiedad social, descubrimos que es fruto de experiencias pasadas y presentes no resueltas que han dejado su huella en la persona que las ha vivido. Como en su día no supo salir airosa de esas situaciones, ahora desarrolla una actitud defensiva siempre que pasa por una experiencia similar. Este círculo vicioso suele terminar en una crítica despiadada hacia uno mismo.

Es curioso comprobar que muchos de estos «residuos emocionales» vienen directamente de la infancia. A veces, cuando buscamos respuestas, tendemos a analizar las partes más significativas de nuestra vida y nos olvidamos de la infancia, quizás porque pensamos que, al no tener nuestras capacidades completamente desarrolladas por aquel entonces, no nos enterábamos de las cosas. Nada más lejos de la realidad.

> Aquello que vivimos en la infancia
> siempre deja una huella más profunda.

Es nuestro primer contacto con el mundo y nuestro cerebro infantil intuye que lo que vemos es lo que hay: confunde el suceso con la norma y se prepara para actuar con base en esas normas que no siempre son ciertas. Cuando se reprende a un niño por meterse en una conversación de mayores, por ejemplo, cabe la posibilidad de que ese niño crezca pensando que su opinión no es válida para sus padres.

El problema no es el acto de reñir en sí. El problema es, más bien, no explicar el motivo de la reprimenda. Si un niño no sabe por qué lo castigan, pero entiende que el castigo es consecuencia de algo mal hecho, entonces corremos el riesgo de que piense que el malo es él.

Si nuestra infancia estuvo marcada por pautas incoherentes, es posible que nos convirtamos en adultos que se sienten culpables si no hacen algo bien o si no reciben la aprobación de los demás.

Si un niño ve como su grupo de amigos se aleja de él sin darle una explicación, intuye que hay algo malo en él y es probable que de adulto crea que, si alguien lo abandona, es culpa suya.

Por suerte o por desgracia, no podemos volver atrás y modificar el pasado. Lo que sí podemos hacer es revisar los patrones educativos que han guiado nuestra vida y analizar si son los causantes de una baja autoestima o de una alta sensibilidad a la crítica.

Eso es precisamente lo que ocurre cuando, durante la infancia, los padres no adoptan un papel protector hacia sus hijos. Si los progenitores están ausentes y la soledad es una constante, los niños crecerán creyendo que no merecen el cariño de los demás y desarrollarán una autoestima muy baja. El hecho de no tener una figura que respondiese a sus necesidades emocionales durante los primeros años de vida les dificulta la correcta gestión de las emociones en la madurez.

En una situación ideal, una persona debería tener sus necesidades emocionales básicas aseguradas. Hablamos de la seguridad, la aceptación por parte de quienes nos rodean, el valor para enfrentarnos a lo que nos ocurre y la fuerza y la energía necesarias para afrontar el día a día.

A mayores necesidades básicas cubiertas, mayor capacidad tendrás para gestionar el estrés y buscar soluciones a las situaciones difíciles. Por el contrario, cuando no te sientes seguro, ni aceptado, ni lo suficientemente fuerte para lidiar con los problemas, lo más seguro es que tengas muy poca confianza en ti mismo y desarrolles un **diálogo interno** extremadamente perjudicial. Mantener un diálogo emocional consciente te permitirá buscar la mejor interpretación para cada momento de la vida. El primer paso para deshacerse de un diálogo interno tóxico es ser consciente de las cosas que nos decimos.

Una vez hecho esto, tenemos el poder para volver inútil la **autocrítica**.

Si te habías propuesto un objetivo y finalmente no has llegado a conseguirlo, puedes pensar: «lo hice tan bien como pude y, aunque pudiese haberlo hecho mejor, cometer errores es una parte fundamental de la vida. No soy lo que consigo, tengo mucho más valor y fallar no me resta valía».

Está en tus manos ponerte metas más realistas,
más precisas y más tolerantes.

Está en tus manos huir de la competición y desterrar de una vez por todas el pensamiento de que hay que ser el mejor en todo. La presión nunca va a darte la felicidad. Al contrario, te sume en un camino de frustración. Al que aspira a ser el mejor ningún logro lo satisface lo suficiente, y eso no es bueno para la salud emocional.

Nos han enseñado que la vida es una evaluación constante, y no es así. Quienes te quieren no lo hacen por lo que consigues, sino por la persona que eres. Tus padres nunca dejarán de quererte por un examen suspendido. Entonces, ¿por qué evaluarse a uno mismo a cada paso? Esto no significa, claro, que haya que desterrar toda autocrítica. Puedes examinar lo que haces y cómo lo haces siempre y cuando no cruces la línea y empieces a despreciar quién eres. El problema empieza cuando tus pensamientos se llenan de «deberías»:

- Debería ser el mejor en mi trabajo.
- Debería estar feliz siempre, porque otros tienen una vida más difícil.
- No debería cometer errores.
- No debería enfadarme.
- No debería descansar.

¿Qué tienen en común todas estas ideas? ¿Por qué nos impiden avanzar?

1. No son flexibles.

   Si nos guiamos por ellas, asumimos que tenemos que actuar siempre de la misma manera. Entonces, no importa que alguien te moleste constantemente hasta el punto de hacerte perder la paciencia, porque «no deberías enfadarte». Pero ¿por qué es malo enfadarse? ¿No es acaso una forma de liberarse de las sensaciones negativas? No hay nada malo en expresar tus sentimientos, como tampoco lo hay en exigir que se te respete.

2. No las hemos cuestionado antes de interiorizarlas.

   Como la mayoría de ellas tienen su origen en la infancia, las asumimos como normas capaces de guiar nuestros comportamientos, sin siquiera plantearnos su lógica y su veracidad.

3. No son realistas.

   Cuando nos enganchamos a una de estas creencias la aplicamos una y otra vez, sin pararnos a pensar si nos da buenos o malos resultados. ¿Cuánta gente cree ciegamente en esa afirmación que dice que «el matrimonio es para siempre» y sacrifica su felicidad por ello?

4. Son una enorme fuente de culpa.
No solo nos sentimos culpables por no seguirlas, sino que hasta el mero cuestionamiento de su veracidad puede provocar emociones negativas.

Solo cuando somos plenamente conscientes de nuestra libertad para decidir si nuestras ideas funcionan, si nos convienen o no, podemos superar cualquier tipo de ansiedad. No podemos regir nuestra vida por reglas que, en lugar de acercarnos a nuestros objetivos, nos alejan de ellos. Lo que quiero y lo que debo hacer son dos conceptos que deberían estar siempre en la misma línea.

¿Cómo podemos conseguirlo? Pues, en primer lugar, planteándonos en qué punto del espectro de rigidez–flexibilidad se encuentran esas creencias.

Haz una lista con tus creencias y después dibuja una tabla con dos columnas, una para las creencias más rígidas y otra para las más flexibles.

- Creencias rígidas son aquellas que aceptas sin cuestionar, que no son realistas y que limitan tu libertad.
- Creencias flexibles son aquellas que has confeccionado tú mismo, son las que has probado y te han resultado eficaces; son más realistas que las rígidas y te ayudan a mejorar tu vida.

CREENCIAS RÍGIDAS	CREENCIAS FLEXIBLES

Si lo que quieres es librarte de la ansiedad, debes tomar conciencia de que cualquier conducta sana, esté relacionada con los demás o con uno mismo, tiene que ser elegida con total libertad. Solo así podrás tener la certeza de que, pase lo que pase, podrás modificarla en un futuro en lugar de culparte por si salió perfectamente o por si el resultado fue el que los demás esperaban de ti.

Ese es el sentido real de actuar con libertad:
no implica no darle importancia a lo que piensan los demás,
sino, más bien, no dejar que sean sus pensamientos
los que determinan nuestro modo de actuar.

Una vez que hayas remodelado tu diálogo interno, serás capaz de escuchar de manera activa lo que te dices a ti mismo cuando te invaden emociones como la ira o la culpa.

Es cierto que este ejercicio, que consiste en practicar la escucha activa, al principio supondrá un esfuerzo considerable. El proceso de entrenar la mente es bastante parecido al de entrenar el cuerpo: es un camino que va cuesta arriba al principio y que comienza a estabilizarse en cuanto consigues ganar un poco de músculo. Lo único que tienes que hacer para poder sacar ese músculo mental es ser constante. Cada vez que te invada un sentimiento desagradable, de esos que saben cómo chupar la energía, para y escucha tu diálogo interno.

EJEMPLO

Si ante una situación relativamente desagradable, como podría ser hablar con tu jefe, tienes sentimientos de inseguridad y nerviosismo y te dices a ti mismo que no vas a poder conseguir nada, porque siempre te amedrentas a la primera de cambio, el momento en el que registras ese pensamiento es el momento de parar. Pregúntate por qué piensas eso, qué creencias han moldeado ese pensamiento: que tu jefe tiene poder sobre ti y que en cualquier situación en la que estéis ambos implicados tienes las de perder. Y, después, reflexiona sobre si tienes posibilidades de verlo de otra forma. Claro que sí. Puedes pensar que eres un empleado valioso para la empresa y que, por lo tanto, tu jefe te escuchará y te dará la oportunidad de demostrar tu valía.

Cada vez que te cruces con un pensamiento limitante elabora una tabla como esta:

SITUACIÓN DESENCADENANTE	SENTIMIENTOS QUE ME INVADEN	DIÁLOGO INTERNO	CREENCIAS QUE JUSTIFICAN MI DIÁLOGO INTERNO	CREENCIAS ALTERNATIVAS
Reunión con el jefe	Inseguridad, nerviosismo	«No voy a conseguir nada»	«Él tiene más poder, tengo las de perder»	«Mi presencia aporta valor a la empresa, va a escucharme»

El grado de dificultad que entraña romper con estas creencias depende directamente de la intensidad de las emociones que sientes y, sobre todo, de la importancia de los valores que las justifican.

Es cierto que las molestias diarias tienen el poder de quitarnos energía, pero también es verdad que suele resultar mucho más fácil relativizarlas. Cuando no somos capaces de dar a cada vivencia la importancia que se merece es cuando llegan el enfado y la tristeza constantes. Deshacerse de estas molestas emociones provocadas por los baches del día a día es tan fácil como pararse un segundo a analizarlas.

EJEMPLO

Imagínate que, al cruzarte por la calle con alguien conocido y saludarlo, no te devuelve el saludo. Inmediatamente piensas que es un maleducado, que ha pasado de ti porque no le interesas. Justo en el momento en el que adviertes esa respuesta inicial, casi instintiva, deberías parar y considerar si puedes darle otra interpretación a lo que ha pasado. Tal vez iba metido en sus pensamientos y no te ha visto por puro despiste. La consecuencia directa de cambiar la forma en la que interpretas las cosas es la tranquilidad.

Para lograr darle la importancia adecuada a cada suceso puedes elaborar una tabla similar a la anterior:

SITUACIÓN DESENCADE- NANTE	SENTIMIENTOS QUE ME INVADEN	INTERPRETACIÓN INICIAL	INTERPRETACIÓN ALTERNATIVA	CONSECUENCIAS DE INTERPRETARLA DE OTRA FORMA
Cruzarte con un conocido por la calle	Enfado, molestia, despecho	«Me ignora porque es un maleducado»	«Debía de ir despistado, pensando en sus cosas, y no me ha visto»	Tranquilidad

Al permitirte elaborar una interpretación alternativa, te das la oportunidad de contemplar ambas caras de la moneda y así prescindir de juicios y valoraciones sin fundamento. Es una forma sencilla de cambiar los pensamientos ansiosos por otros más espontáneos y liberadores. Si incorporas a tu día a día esta forma de pensar alternativa, más libre, conseguirás cambiar la manera en la que interpretas experiencias vitales.

El pensamiento rígido te lleva a:

- Interpretar vivencias diferentes desde un único punto de vista.
- Caer en la rutina.
- Vivir de acuerdo con normas que parecen incuestionables.
- Sentir envidia e inferioridad cuando los demás consiguen los logros que anhelas.

- Competir para ser el mejor, aunque no te haga feliz.
- Imponerte obligaciones.
- Hacer sacrificios por los demás en contra de tus intereses y esperar lo mismo a cambio.
- Preocuparte constantemente.
- Arrepentirte.

Por contra, el pensamiento flexible te lleva a:

- Abrir tu mente a interpretaciones alternativas.
- Cambiar las rutinas que no te funcionan.
- Soñar, experimentar y cambiar.
- No compararte con los demás, porque eres consciente de tus logros.
- Tener responsabilidades, no obligaciones.
- Ayudar a los demás motivado por el amor y respetar sus decisiones.
- Ocuparte de lo que está sucediendo en el momento.
- Ser consciente de que los errores son una forma de aprender.

¿Quién dijo ansiedad?

El origen de
la ansiedad

El cuándo, el cómo
y el porqué de la ansiedad

 Carla es una paciente con un trastorno de ansiedad generalizado y diversas fobias. Lleva poco tiempo haciendo un tratamiento con terapias de tercera generación. Su marido ha acudido con ella alguna vez a terapia, pero tras el episodio de la última sesión se ve algo más sola de lo que creía en esto de la ansiedad. Lo piensa debido a una conversación en que su marido la bombardeó con un discurso plagado de todo aquello que nunca se debe decir a alguien con ansiedad: «deja de preocuparte», «tranquila, respira», «no es para tanto, creo que estás exagerando», «tienes que intentar superarlo», «piensas demasiado», «está todo en tu cabeza», «eres muy negativa», «hay gente que está peor», «estás así porque quieres», «tienes que poner de tu parte», «no llores, tienes que ser más fuerte»...

Seguro que tú también has percibido alguna vez que la sociedad espera que estés feliz en todo momento. A pesar de tus problemas, el mundo sigue girando y parece que tienes la obligación de afrontar cada día con entereza y seguir adelante.

En efecto, seguir adelante a pesar de los problemas es una actitud muy positiva, pero eso no significa que tengas que bloquear emociones tan naturales como la tristeza o el enfado. La variedad de emociones y estados es una parte inherente a la condición humana: no existe el placer sin el dolor, el orden sin el caos ni la alegría sin la tristeza.

Mostrar entereza en todo momento no te permite digerir las emociones. Al contrario de lo que se suele creer, para superar el dolor es necesario asumirlo.

Expresar las emociones con libertad, hacia ti y hacia los demás, es una manera de cerrar determinados episodios para poder abrir otros, de dejar atrás el pasado para poder centrarte en el presente. Por norma general, las alteraciones en la salud emocional suelen venir de acumular sentimientos: cuanto más tiempo reprimas una emoción, más te costará encontrar su origen y sanar. Además, si no los expresas en su debido momento, corres el riesgo de soltarlos en forma de gritos o llanto.

Como casi todo lo relacionado con la salud mental, aprender a expresar sentimientos pasa por eliminar creencias dañinas, que se presentan en forma de frases como «no llores», «sé fuerte» o «no pienses en ello». Estas creencias, lejos de aliviar, solo provocan más tensión y más presión, porque impiden avanzar. En lugar de ayudar, lo que hacen es impedir que las emociones se asienten correctamente.

Pero, si lo que quieres es que la ansiedad no crezca, lo primero que tienes que hacer es explorar tus emociones, sentirlas y llegar al fondo de ellas.

Permítete escuchar las señales que te envía tu propio cuerpo. Piensa:

- ¿Cuáles son mis sensaciones?
- ¿Cuál es mi nivel de energía en este momento?
- ¿Qué nivel de energía sería el óptimo para que me sintiera pleno?

Si mides tu energía del 1 al 10, es bueno que seas consciente de que no siempre necesitarás estar en el 10, porque podría ser agotador. Sin embargo, tener un nivel de energía de 7 u 8 es perfecto para el día a día.

Para aumentar la energía, cuando está baja, debes ir desenredando nudos emocionales. Con el primer alivio llega también un cambio corporal, porque tu cuerpo es el medidor de energía que te ha dado la naturaleza. «Tener mal cuerpo» es tan solo una señal: tu cuerpo te dice que es hora de gestionar tus emociones.

Pero ¿cómo se gestionan las emociones? Es una pregunta muy común en terapia. A menudo llegan pacientes que guardan sus emociones en un cajón de sastre que nunca se paran a ordenar. Entonces, el primer paso es poner orden, ver de dónde vienen todas esas emociones y analizar si nos sirven o si es mejor descartarlas.

Del mismo modo que tener un lugar de trabajo desordenado puede influir en tu manera de trabajar, el **desorden emocional** afecta a lo que haces en tu día a día. Para ordenar la mente, es indispensable prestar atención al detalle, porque solo así podrás descubrir qué te está pasando.

Algunas preguntas que te pueden ayudar a poner en orden tus emociones son:

- ¿Por qué me siento enfadado, triste o nervioso?
- ¿Qué quiero cambiar?
- ¿Qué necesito para librarme de este sentimiento?
- ¿Qué parte de responsabilidad tengo yo respecto a este problema?
- ¿Cuánto depende de los demás?
- ¿Qué puedo deducir de la situación?

A la hora de responder a esas preguntas, no debes olvidar cuál es el objetivo que pretendes conseguir con ello: mejorar tu situación, aprender a comunicar tus sentimientos de forma sana, enriquecer tu relación contigo mismo o con los demás, evitar que la situación que dio origen a ese sentimiento se repita...

Tener estas metas en mente te ayudará a recordar que:

- La venganza y el castigo hacia los demás nunca te ayudarán a sentirte mejor.
- Quieres evitar sentirte herido y herir a los demás.
- Luchar por ser el mejor y ceder a los caprichos del resto sin tener en cuenta tus sentimientos son conductas insanas que no proporcionan felicidad.
- Caer en la queja y la crítica de forma continuada te impide avanzar, no lo conviertas en un hábito.

Una de las emociones más incapacitantes y que más cuesta gestionar es el miedo. El miedo puede surgir por temores grandes o pequeños, generales o específicos, racionales o irracionales. Reconocer esos temores es importante para aprender a distinguir lo que te pide tu organismo cuando sientes miedo. Solo cuando admites tus temores puedes darle la vuelta a la situación y ver qué necesitas.

> **EJEMPLO** Si temes perder el trabajo, es fácil deducir que quieres un empleo que te aporte estabilidad y tranquilidad.

 Algunas personas necesitan visualizar sus temores para poder revertirlos. Una buena manera de hacerlo puede ser coger un papel y elaborar una tabla como esta:

MIS TEMORES	MIS NECESIDADES
Perder el trabajo	Tener un trabajo estable
No ser aceptado	Obtener reconocimiento y respeto por parte de los demás
No ser capaz de decir «no»	Sentirme seguro y responsable de mis propias decisiones
No conseguir mis objetivos	Trabajar bien y estar orgulloso de mis logros

Cambios, duelo y otros factores relacionados con la ansiedad

María tiene 34 años y lleva tres días esperando el alta hospitalaria de lo que parecía ser una sencilla intervención ginecológica. Ella y Miguel, su pareja, están deseando volver a casa porque este pequeño bache ha interrumpido sus intentos de concebir a su primer bebé. Su médico llega con un rostro serio y, aunque intenta calmar el ambiente, su noticia cae como un jarro de agua fría: la operación ha dejado al descubierto que María no podrá tener hijos. Miguel palidece y sale de la habitación, deja atrás a una mujer que solo desea que esto sea una pesadilla. Dos horas después, María y Miguel salen del hospital sumidos en el silencio y en una profunda tristeza. Tristeza que se alargará hasta que ella se sienta en el sofá de la consulta, un mes después.

Cuando hablamos del origen de la ansiedad, no podemos ignorar que en la vida hay momentos potencialmente estresantes. Estos momentos son los que dan lugar a esas emociones tan complicadas de gestionar que, con el tiempo, pueden derivar en un trastorno de ansiedad. Son situaciones en las que te sientes perdido, sumido en una espiral de incertidumbre y sin ver la salida.

Es común que la ansiedad surja en momentos de transición, donde se pasa de un estado inicial que ya conocías a uno relativamente nuevo para ti: la adolescencia, el comienzo de la etapa adulta, el principio de una nueva relación de pareja, el nacimiento de un hijo, una separación...

El mundo no deja de girar y la sociedad individualista en la que estamos inmersos espera que tú sigas adelante en todo momento. Sin embargo, se nos olvida a menudo que cualquier gran acontecimiento que provoque un cambio vital, ya sea bueno o malo, puede ser una fuente de estrés y ansiedad.

Muchas veces los cambios van acompañados por un duelo: un proceso que sirve para acostumbrarse a una nueva situación que, por lo general, aparece tras una pérdida.

Este **proceso de duelo**, que se asocia comúnmente a la muerte, no suele estar bien visto cuando se vincula a otras situaciones. La debilidad está mal vista en el imaginario colectivo, y una persona que está pasando por un duelo necesita permitirse sentir tristeza, invertir tiempo en gestionar lo que siente y, a veces, incluso mostrar esa debilidad al pedir ayuda para superar el duelo.

Algunos de los momentos que suelen ir acompañados de un proceso de duelo son:

- Pérdidas de personas: muerte, separación, divorcio...
- Pérdidas materiales: pérdida del trabajo, de la casa...
- Pérdidas de capacidades: daños físicos o mentales irreversibles...
- Pérdidas relacionadas con los procesos vitales: adolescencia, jubilación...

Aunque en otras culturas los ritos de paso son extremadamente comunes, en la cultura occidental solo celebramos aquellos relacionados con el nacimiento o con la muerte. Los rituales de este tipo permiten una evolución suave, respaldan las transiciones, ayudan a transmitir la tradición de una generación a otra y reafirman la pertenencia a un determinado grupo.

Cuando va asociado a un determinado ritual, el duelo se naturaliza. Se entiende que los cambios en la conducta y en las emociones son normales y se permite que cada uno viva las transformaciones a su propio ritmo.

Es cierto que en nuestra cultura existen determinados rituales: fiestas religiosas, cumpleaños, vacaciones... Pero rara vez ponemos en marcha rituales de transición que sirven para marcar el final de una época y el inicio de otra. Si lo hacemos es solo para reivindicar acontecimientos que están bien vistos; no vemos lógico señalar el cambio como consecuencia de un divorcio, por ejemplo, porque lo asociamos con cambios afectivos negativos y pensamos que no se deben exteriorizar las emociones que provocan.

Cuando se te prohíbe expresar las emociones desencadenadas por un cambio relevante, ya sea desde fuera o por medio de la autocensura, puede que te enfrentes al siguiente proceso:

1. Te anticipas al cambio de etapa. Por ejemplo, es algo muy común en las relaciones de pareja que no funcionan, pero donde hay una prohibición tácita para expresar los problemas. En lugar de arreglar lo que no funciona, los miembros de la pareja construyen barreras para protegerse del impacto de la ruptura.

2. Ha pasado más de un año y sigues en el mismo punto. No has hecho nada para resolver los problemas emocionales derivados del cambio de etapa.

3. El duelo se cronifica y tú sigues estancado. En tu interior, el dolor por la transición es tan vívido que parece que ocurrió ayer.

4. Evitas hablar del tema. Te impides reconocer lo que ha pasado y, de esta manera, niegas la realidad.

5. Reprimes tus emociones durante tanto tiempo que explotan años después. Es común cuando la educación es muy rígida, cuando la persona que pasa por el duelo tiene un rol donde no se le permite expresar sus emociones o cuando el ritmo de vida es tan frenético que es impensable hacer una parada y reconstruir aquello que ha cambiado.

6. Los miembros de tu esfera familiar y social desautorizan tu sufrimiento porque no entienden que el duelo siga vigente.

7. Todo esto lleva a una distorsión del dolor: se magnifica y no eres capaz de gestionarlo. A veces, esto también ocurre cuando una persona se enfrenta a dos pérdidas seguidas.

Por supuesto, cada uno de nosotros reacciona a un periodo de transición o a una pérdida de manera diferente a los demás. Sin embargo, podemos afirmar que los cambios relevantes suelen ir acompañados de varias etapas:

1. En primer lugar, **la negación**. Estás acostumbrado a vivir de una determinada manera y, ante la perspectiva de cambiar, surgen los «no puede ser».

2. Después, llega **la rabia**. En este momento ya eres consciente de lo que ha pasado y reaccionas en forma de protesta, porque preferirías seguir como siempre.

3. A continuación, es común sumirse en **la desesperación y la desorganización**. Por mucho que hayas asumido tu nueva situación, no sabes cómo enfrentarte a ella. La perspectiva de seguir adelante a pesar de la pérdida ya es una realidad, pero sigues echando de menos lo que tenías antes.

4. Por último, empiezas el proceso de **reorganización de la conducta**. Es un momento de serenidad, de **aceptación** total de la pérdida y de mirar al futuro.

Estas son reacciones normales que pueden variar en cuanto a aparición, duración, intensidad e incluso orden. Los individuos que no siguen este proceso se arriesgan a caer presos de un dolor crónico que se alarga en el tiempo, donde las emociones nunca se expresan y las heridas nunca cicatrizan. Es más, cuando reprimes el dolor también adormeces las sensaciones y los sentimientos que tienen que florecer en ese momento. Y, al hacerlo, puede que le estés abriendo la puerta a trastornos como **la depresión** o el duelo patológico.

Un duelo normal aparece a los pocos días y tiene una duración relativamente corta. Por el contrario, el **duelo patológico** se manifiesta semanas, meses o años después, e incluso puede no aparecer nunca. Además, puede durar años y es común que quien lo sufre caiga en alteraciones de la conducta relacionadas con el sueño o la alimentación.

Enfrentarse a un duelo no resuelto consume grandes cantidades de tiempo y de energía. Los pensamientos, las ideas y las creencias de cada uno influyen en la manera en la que cada persona afronta el dolor de la pérdida. Como en cualquier situación, en un proceso de duelo puedes apostar por reformular las creencias de modo que seas más libre y puedas salir adelante.

 Si quieres cambiar tus ideas respecto al duelo, tienes que entender lo que sientes para así poder actuar en consecuencia. Un ejercicio muy útil es practicar la aceptación de las propias emociones por medio de afirmaciones.

FASES DEL DUELO	¿QUÉ PIENSO?	AFIRMACIONES QUE PUEDEN AYUDARME A SENTIR MEJOR
Negación	Esto no es real. Estoy desconectado de la realidad, me siento como en una nube.	Necesito tiempo para asumir lo que ha pasado, todo tiene su ritmo. Estos sentimientos son parte de un proceso natural.
Ira	¿Por qué me pasa esto a mí? Nadie me comprende.	Es normal sentir y expresar el enfado. Tengo personas a mi lado que me escuchan y apoyan, aunque no estén pasando por lo mismo que yo.

Culpa	¿Y si hubiera actuado de otra manera?	Hice las cosas como creía que tenía que hacerlas en ese momento. Reprocharme cosas no sirve de nada, porque no puedo cambiar el pasado.
Depresión	No hago más que llorar.	El llanto sirve para expresar el dolor. Llorar es normal.
Aceptación	Debo seguir adelante.	Avanzo a mi propio ritmo, sin forzarme y escuchándome a mí mismo.
Resignación	No estoy deprimido, pero tampoco estoy animado.	Soy capaz de ver mi pérdida en perspectiva: no puedo estar feliz ahora mismo, pero el dolor ha remitido y me veo capaz de seguir adelante.
Readaptación	No sé si sabré adaptarme a esta nueva situación. No estoy acostumbrado a esto, me voy a equivocar.	Es necesario empezar de cero y tengo herramientas para adaptarme a lo que venga. Errar es humano. Puedo fallar, pero eso no define quién soy.

El duelo se produce cuando algo que solías tener y que era beneficioso para ti (porque te daba dinero, amor, protección o libertad, por ejemplo) ya no está, y entonces tienes que aprender a vivir en una situación diferente a la que conocías. Al despojarte de esas emociones positivas que iban asociadas a aquello que has perdido, tu cuerpo y tu mente comienzan un proceso de aprendizaje: deben reajustarse a la nueva situación y, para lograrlo, necesitan que cambies. Pero los cambios producen mucha incertidumbre, por lo que, en un primer momento, no avanzar puede parecer la opción más segura. Ya lo dice el refrán: «mejor malo conocido que bueno por conocer». Muchas personas prefieren aferrarse a la comodidad de lo conocido aunque ya no las haga felices.

Si bien en muchas ocasiones los cambios son positivos, lo cierto es que, al generar sensaciones muy intensas, pueden ser fuente de ansiedad.

Negarse al cambio puede interpretarse como un intento de negarse a la ansiedad, a esa incertidumbre que provoca lo desconocido, sea bueno o malo.

> EJEMPLO
>
> Desde una determinada perspectiva, una promoción en el trabajo quizás cause tranquilidad y felicidad; desde otra, puede desencadenar un estado de ansiedad, pues ascender significa desarrollar nuevas cualidades y enfrentarse a nuevas responsabilidades.

Tienes la capacidad de elegir la perspectiva desde la que decides ver los diferentes momentos a los que te enfrentas a lo largo de tu vida, pero eso no significa que ver el mundo con buenos ojos sea fácil.

Algunas costumbres que pueden impedirte disfrutar de los buenos momentos son:

- No vivir en el presente. En lugar de exprimir el momento, piensas constantemente en lo que pasará, en lo que tienes que hacer más adelante, o en lo que has hecho, en los fallos que has cometido y que ya no puedes cambiar.

- Tener expectativas demasiado altas. La sociedad nos inculca un determinado ideal que marca lo que debería ser nuestra vida y a lo que deberíamos aspirar. Cuando las expectativas son demasiado altas, cualquier avance parecerá pequeño en comparación. ¿Cómo disfrutar del hecho de encontrar trabajo, si vas a tener que aprender y eso implica que no serás el mejor de forma inmediata?
- Apoyarse excesivamente en el reconocimiento externo.

Respecto a este último factor, sobra decir que esperar reconocimiento es normal: se trata de una expectativa universal. Sin embargo, si dependes demasiado de lo que opinan los demás, el hecho de no recibirlo puede llegar a convertirse en el origen de tu ansiedad. Los humanos somos seres sociales y, como tales, es lógico que quieras que los demás te acepten, te ayuden y te aprecien. De lo contrario, es fácil sentirse incomprendido e incluso invisible ante los demás. Pero, aunque los demás son importantes, también debes aprender a darte valor a ti mismo. Para conseguirlo, es importante que practiques el autoconocimiento, porque solo si eres consciente de cuál es el lugar en el que estás y hasta dónde quieres llegar podrás valorar la relevancia de cada pequeño paso que des, sin reparar en si los demás lo aprecian o no.

Los peligros de la tecnología

David y Sandra llegan a consulta por un problema de pareja. Están juntos desde hace casi dos años, pero su relación ha ido pasando por numerosos altibajos y ahora han recibido un nuevo golpe. Hace poco, David ha estado de viaje por cuestiones laborales. Una noche, ya en el hotel y tras su conversación de todas las noches por WhatsApp, David no conseguía dormirse. Al mirar la conversación con su pareja, observa que la última conexión de Sandra es a las tres y media de la madrugada, varias horas después de que ambos hablaran, la misma que la de Héctor, la anterior pareja de Sandra. Esté en lo cierto o no, David ya ha sacado sus propias conclusiones y las acompaña un malestar intenso que provoca que le envíe largos mensajes a su todavía novia. La pregunta es: ¿WhatsApp los separará?

Es probable que acaben separándose por culpa de un servicio de mensajería instantánea en donde no todo sale gratis. De hecho, un estudio de *CyberPsychology and Behavior Journal* indica que multitud de parejas de todo el mundo han roto o experimentado problemas de pareja a causa de Facebook. Esto es un hecho: las últimas revoluciones tecnológicas han transformado el mundo de manera radical y han introducido nuevas formas de comprar, de informar, de consumir contenidos, de hablar, de conocer gente y, en definitiva, de desarrollar los aspectos sociales (y no tan sociales) de la vida. El *like* ya forma parte del día a día, un síntoma de que las redes sociales tienen cada vez más peso. Lo hemos incorporado a nuestro vocabulario y a nuestros esquemas mentales; hace tiempo que dejó de ser un concepto extraño para nosotros.

Menos común es escuchar hablar sobre el síndrome del **burn-out** provocado por las redes sociales, aunque cada vez sea más común en consulta. Aunque sigue siendo un síndrome poco conocido, la Organización Mundial de la Salud ha reconocido el *burn-out* como una enfermedad. Este término sirve para denominar un cansancio extremo a nivel físico, emocional y mental causado por factores relacionados, habitualmente, con el mundo laboral: las largas jornadas, la monotonía, la falta de motivación, etc.

> Pues bien, el *social media burn-out* podría traducirse literalmente como «estar quemado a causa de las redes sociales».

Las redes sociales pueden convertirse en un foco de ansiedad, especialmente si, en lugar del consumo ocasional, se cae en la navegación constante. Asimismo, si encuentras en el mundo de las redes sociales una fuente de aceptación social, de competitividad o de comparaciones, entonces es posible que acabes desarrollando conductas poco saludables respecto al medio digital. Al fin y al cabo, a través de la pantalla tienes la oportunidad de proyectar una imagen determinada ante los ojos de cientos de personas, compartir dónde estás y lo que haces y conseguir una respuesta al instante. La gratificación inmediata, ese subidón de energía producido por la atención de los otros, rara vez existe en el mundo real, un factor que inclina la balanza a favor de las redes sociales para mucha gente.

No obstante, el equilibrio de las redes sociales es muy frágil. Cuestiones como el momento en el que compartes las publicaciones o las constantes modificaciones de los algoritmos que rigen el funcionamiento pueden hacer que la respuesta a una determinada acción sea menor o mayor. Y, cuando te acostumbras a un alto grado de retroalimentación, el golpe que resulta de cualquier variación puede llegar a ser muy fuerte. Además, no todo es bueno en el mundo digital. Aunque suene a cliché, la pandemia ha hecho que mucha gente se dé cuenta de lo que verdaderamente importa en la vida: las relaciones personales, los encuentros sociales, las conversaciones, los sentimientos, las sensaciones. Todos estos aspectos son difíciles de transmitir a través de una pantalla.

EJEMPLO

Gracias al teletrabajo, algunas de las empresas más grandes se dieron cuenta de que la presencialidad fomenta cualidades como la creatividad o la innovación. El cara a cara estimula la cooperación y la generación de ideas, hace que las reuniones sean más productivas que su contraparte virtual y tiene una influencia muy positiva sobre la motivación de los trabajadores. El apoyo social, los momentos compartidos y el típico descanso para tomar el café suponen picos de alegría en medio de la rutina de trabajo que provocan un aumento de la motivación y, por consiguiente, del rendimiento. El teletrabajo, en cambio, ha resultado ser una fuente considerable de ansiedad. Entonces, cabe pensar que estas consecuencias más que comprobadas en el ámbito laboral pueden extrapolarse a otras situaciones para explicar los peligros de las tecnologías sobre la salud mental.

Al final del apartado anterior, hablábamos de los peligros de apoyarse de manera excesiva en el reconocimiento externo. Decíamos que esperar cierto grado de reconocimiento por nuestras acciones es normal, se trata de una expectativa que tenemos todos los seres humanos. También en el mundo virtual buscamos ese reconocimiento. Lo hacemos cuando publicamos lo que hemos hecho ese día, cuando escribimos un mensaje en un grupo en el que compartimos aficiones o cuando abrimos una aplicación de citas.

¿La búsqueda de reconocimiento entraña más peligros en el medio virtual que en la vida real? En principio no. Sin embargo, en las redes puedes toparte con dos riesgos añadidos:

1. La posibilidad de construir un mundo a tu medida con el objetivo de agradar e impresionar a los demás.
   Como la tecnología hace que el engaño sea más fácil, puedes caer en la tentación de manipular fotos o de publicar imágenes de un supuesto plan en el que, en realidad, nunca has estado. Además, al contrario que la realidad, las redes te permiten mostrar solo lo que quieres enseñar y escribir solo lo que quieres proyectar, y corres el riesgo de olvidar quién eres y sustituirlo por tu *alter ego* virtual.

2. El hecho de que el mundo virtual es incapaz de igualar la complejidad de las relaciones sociales que se desarrollan

en la realidad, por lo que ofrece meros sustitutivos. Y, si dependes demasiado de ese tipo de interacciones, cabe la posibilidad de que te sumerjas en una burbuja donde poco a poco se vayan oxidando las habilidades y herramientas más básicas para tu supervivencia emocional.

Es cierto que la tecnología tiene un montón de ventajas y que gracias a ella se han producido avances impensables hacía tan solo unos años. Sin embargo, reconocer sus bondades no implica ignorar sus defectos: su uso prolongado entorpece las habilidades sociales y limita los recursos emocionales de las personas.

Gran parte de las personas con adicción o dependencia a las redes sociales son perfectamente conscientes de sus peligros, pero no quieren vivir sin sus ventajas. Estar detrás de la pantalla proporciona una falsa sensación de protección estrechamente relacionada con el anonimato. Nadie controla quién dice ser en internet; cuando no te gusta la persona que eres, poder deshacerte de ti mismo es una enorme tentación.

Además, el anonimato te da la oportunidad de desahogarte, de expresar todo aquello que piensas y sientes, pero que nunca dices por vergüenza o por miedo. Pero, si en lugar de canalizar las emociones intensas de manera natural, lo haces a través del teléfono móvil, seguramente acabes siendo incapaz de gestionar cualquier situación mínimamente complicada sin la ayuda de la tecnología, lo que puede llevar a desarrollar una **conducta adictiva**.

En realidad, estas vías no son las mejores escapatorias a los momentos de estrés, pero ofrecen un alivio inmediato que va acorde con el mundo en el que vivimos, en el que la inmediatez es la norma imperante. Y lo cierto es que habitualmente es complicado reparar en aquellas conductas que pueden ser tóxicas para uno mismo, al menos al principio. Cuando quieres darte cuenta, ya es una costumbre, lo has naturalizado.

 El primer paso para poner fin a un problema es el autoconocimiento: tienes que conocer tus patrones de conducta y analizar si esas conductas son sanas o no. Para ello puedes hacerte preguntas como:

- ¿Soy capaz de desconectar o estoy siempre conectado?
- ¿Necesito consultar constantemente las redes sociales para saber qué hacen los demás?
- ¿Necesito compartir todo lo que hago para sentirme aceptado por los demás?
- ¿Veo a personas en directo y me comunico con ellas cara a cara?
- ¿Estoy en contacto con la naturaleza? ¿Con qué frecuencia?
- ¿Salgo de casa a menudo y me relaciono con el exterior?
- ¿Me muevo o soy una persona sedentaria que no suele realizar ejercicio físico?

Las respuestas a estas preguntas te pueden ayudar a saber si la tecnología domina tu vida.

En general, exista adicción a la tecnología o no, el hecho de llevar una vida sedentaria puede dar pie a la ansiedad. Algunas actividades son perfectas para poner freno a la ansiedad y el estrés. Hablamos de:

- Movimiento físico.
- Comunicación con los demás.
- Contacto con el exterior.
- Vida social real.
- Hábitos estables.
- Orden.

Aunque son hábitos de lo más comunes, en terapia es relativamente habitual encontrarse con pacientes que se pasan las horas muertas delante de una pantalla: gente cuya herramienta de trabajo o estudio es el ordenador y que, en lugar de desconectar al llegar a casa, siguen enganchados al mundo virtual. Si sigues el mismo patrón durante todo el día, entonces no hay ninguna actividad que rompa la rutina, libere la energía acumulada y distraiga a tu cerebro. Así es más complicado dormir bien, descansar y tener las ideas frescas al día siguiente. El cerebro necesita seguir patrones antagónicos para funcionar bien y regenerarse: si hay trabajo, tiene que haber descanso; si hay un periodo de concentración, tiene que haber periodo de relajación; si hay un periodo de reposo físico, también tiene que haber periodo de actividad.

Cuando no logras mantener el equilibrio, corres el riesgo de entrar en una espiral de conductas inadaptadas que son el resultado de no darle a tu cuerpo lo que necesita. En este contexto, es fácil que el cuerpo comience a **somatizar**, es decir, a transformar problemas de carácter mental en dolencias físicas.

Los dolores de cabeza, los trastornos digestivos, las molestias musculares o articulares, el cansancio, la falta de aire y hasta los problemas sexuales pueden surgir a causa de la somatización. Las personas más propensas a somatizar son aquellas que no aceptan o no expresan lo que sienten: la mente no cuenta con los recursos necesarios para dar respuesta a sus emociones, por lo que esa respuesta se expresa a través de síntomas físicos, como el dolor de cabeza o el malestar intestinal.

Debido a la multiplicación de los estímulos que caracteriza la época en la que nos encontramos, algunas personas encuentran dificultades a la hora de asimilar la información, tanto la que viene de fuera como la que surge de su interior. Por supuesto, esto puede provocar que somaticen los problemas, pero también que les cueste cada vez más tomar decisiones y distinguir entre lo que es importante y lo que no.

¿Has notado que tus relaciones son más efímeras o que los trabajos te duran cada vez menos? ¿Has observado que los objetos materiales se rompen cada vez antes?

Una de las consecuencias de vivir en la era de la información es que todo dura menos.

EJEMPLO

- Los trabajos no ofrecen la estabilidad esperada, por lo que cada vez cuesta más ser fiel a un determinado proyecto laboral.
- Las relaciones duran menos de lo esperado y, como consecuencia, te vuelves incrédulo y te familiarizas con sensaciones como la decepción y el desencanto.

En una época en la que todo dura menos de lo que te gustaría, volverse escéptico, frío e individualista se convierte en un escudo para proteger tus sentimientos.

Se trata de mecanismos de defensa puestos en marcha por nuestro cerebro para huir del sufrimiento. Cuando una situación es difícil de digerir, la mente, de manera inconsciente, nos protege impidiéndonos procesar las emociones difíciles.

Por ese motivo, tomar conciencia de las consecuencias que los avances tecnológicos y las nuevas formas de relacionarnos tienen sobre tu forma de vivir y de sentir no es fácil. Poca gente es capaz de reconocer que muchas de esas consecuencias son perjudiciales. Los pocos que se atreven a hablar de ello se dan cuenta de que estos problemas están completamente normalizados: a todo el mundo le pasa, así que es fácil asumir que no se puede hacer nada para cambiarlo.

La sociedad influye hasta tal punto en los individuos que es común encontrarse en terapia con gente que le tiene miedo a la estabilidad. Existen tantos estímulos y estamos tan acostumbrados a navegar entre ellos que elegir puede parecer una locura.

Quizás te preguntes por qué deberías elegir una sola opción, si hay tantas disponibles. Quizás pienses que, si eliges, puedes sentirte esclavizado o arrepentirte más tarde. Además, tal vez el cambiar constantemente te genere una satisfacción a corto plazo. Sin embargo, suele tratarse de una sensación efímera y engañosa, similar a la que experimentan los niños demasiado mimados que reciben decenas de regalos cada Navidad. En lugar de estar satisfechos, no los valoran y se sienten ansiosos, porque no saben lo que quieren. Lo mismo pasa en la edad adulta: cambiar de coche o de móvil puede darte un subidón momentáneo, pero no resolverá tus problemas.

La ansiedad aumenta cuando la moda de lo efímero choca con los valores tradicionales de estabilidad y conformismo.

EJEMPLO

- El ideal romántico consiste en perseguir un amor único y todopoderoso, pero abrirse a nuevas relaciones constantemente está de moda.
- En el trabajo, las empresas buscan empleados creativos y autónomos, pero se arrepienten cuando comprueban que su independencia hace que no sean sumisos.

La mejor forma de deshacerse de la presión es que transformes tus creencias y entiendas que eres una persona en constante evolución, capaz de elegir y cambiar. Tienes que comprender que hacer caso a tu intuición y decidirte por una opción no te limita, porque, en caso de que te equivoques, puedes cambiar tu elección en cualquier momento, porque cambiar no es negativo.

Indigestión emocional: la relación entre la ansiedad y la comida

Rafael tiene 36 años y llega a la consulta lleno de dudas. Intuye que las grandes cantidades de estrés a las que lo somete su trabajo pueden estar afectando a su forma de relacionarse con la comida, pero le cuesta aceptarlo. Afirma que no se da atracones, pero admite que, cuando llega del trabajo, le da por comer chocolate, patatas fritas y otros alimentos poco sanos. Aunque él aún no lo sabe, Rafael busca ahogar las tensiones diarias con la comida. Sin embargo, tras el alivio momentáneo, aparece la ansiedad por comer.

Cualquier situación que no se haya canalizado correctamente puede desembocar en conductas que crean **dependencia**. La dependencia surge cuando se usa una faceta emocionalmente intensa para neutralizar las emociones negativas. Puede ser la comida, sí, pero también el sexo, la tecnología, el alcohol e incluso el trabajo. No obstante, por su accesibilidad, la comida es a menudo el centro de estas conductas impulsivas. Existen algunos factores que pueden provocar una mala relación con la comida, como un autoconcepto negativo, una baja autoestima o el hecho de haber vivido experiencias traumáticas relacionadas con la propia imagen. Y no podemos olvidarnos, por supuesto, de la ansiedad.

De hecho, tu relación con la comida puede ser un buen indicador para saber si podrías tener o no ansiedad. Piensa si, al volver a casa tras un mal día, te vuelcas en la comida para experimentar un poco de placer, o si cuando llega la noche te empachas, porque ves la comida como una fuente de tranquilidad. Piensa si comes cuando te aburres y si prefieres no comer cuando estás estresado, para luego hacerlo de forma desordenada.

Si eres asiduo a estas prácticas, conviene que analices tus pensamientos y tus sentimientos.

- En la esfera de los pensamientos, el perfeccionismo y el control excesivo forman un caldo de cultivo perfecto para desarrollar una mala relación con la comida. El exceso de responsabilidad y rigidez suele tener un efecto rebote y es fácil compensar el excesivo control en otros ámbitos de la vida con un descontrol alimentario absoluto.
- En la esfera emocional, sensaciones como el aburrimiento, el agobio, la rabia, el estrés o la tristeza pueden generar conductas inapropiadas con la comida. Como el organismo necesita neutralizar las emociones negativas, busca el placer en la comida. Sin embargo, como no existe un hambre real, caes en conductas compulsivas y desordenadas. Y, como el objetivo nunca ha sido alcanzar la saciedad, puede resultar muy difícil encontrar una señal que te haga parar.

Tal vez seas consciente de que este tipo de conductas, lejos de ayudarte, agravan aún más tus problemas, tanto físicos como emocionales. No obstante, cuestionar tus actos y buscar el porqué de tus conductas puede resultar bastante incómodo. ¿Y a qué te lleva todo esto? A la inmovilidad, a quedarte como estás, aunque sepas que hay maneras mejores de cuidar de ti mismo.

> No es necesario que cambies todas tus costumbres de un día para otro, pero es útil dar pequeños pasos para modificar esas conductas perjudiciales.

El problema es que modificar la manera en la que uno actúa es un proceso largo que requiere mucha paciencia y que rara vez da resultados inmediatos.

Seguro que ya te has dado cuenta de que tus propósitos de año nuevo funcionan muy pocas veces. Requieren cambios muy exigentes y, a menudo, relativamente inmediatos: no te propones mejorar tus hábitos alimentarios y hacer media hora de ejercicio diario, sino bajar cinco kilos; no te propones apuntarte a un curso de formación, actualizar tu red de contactos y empezar a mandar currículums, te propones encontrar un trabajo en el que ganes más dinero. Es lógico, teniendo en cuenta que el mundo te exige que lo hagas todo a la perfección y con rapidez. El problema es que, aunque el cerebro es un órgano flexible y con una gran capacidad para adaptarse a los cambios, necesita una tregua, un periodo de adaptación en el que pueda interiorizar los cambios y establecer un plan que te permita adaptarte de forma segura.

Si lo que quieres es cambiar tu forma de relacionarte con la comida, debes empezar dando pequeños pasos.

1. Párate a analizar en qué situaciones aparece el hambre emocional, por ejemplo:
   - Cuando te aburres.
   - Cuando te sientes inseguro.
   - Cuando te acechan los recuerdos del pasado.
   - Cuando tienes miedo.
   - Cuando te sientes solo.
2. Haz un listado con algunos elementos que te ayudan a canalizar la ansiedad de forma sana o que crees que podrían ayudarte a hacerlo:
   - Tener una vida activa, física e intelectualmente.
   - Tener claros tus objetivos.
   - Mantener tu espacio personal ordenado.
   - Tener un trabajo que te llene.
   - Contar con el apoyo de tus amigos y tu familia.

Recuerda en todo momento que el hambre emocional no responde a la necesidad fisiológica de reponer energía. Debes entenderla como un mecanismo que se activa cuando pasas un mal momento y ves la comida como una solución a corto plazo. Sin embargo, por mucho que alivie las emociones negativas, comer compulsivamente no solucionará tus problemas. Si después de discutir con tu pareja te das un atracón, quizás evites pensar unos minutos, pero no estarás atacando el origen de tu malestar emocional. Identificar el origen de estas actitudes es el primer paso para afrontar los problemas de manera más valiente y efectiva.

El poder del *mindfulness* contra la ansiedad

Andrea acude a consulta desde hace un tiempo y, en una de las sesiones, rememora una época en la que estaba pasando por un mal momento. Recuerda también que, cuando se lo comentó a un buen amigo, este le dijo: «Carpe diem, aprovecha el momento y no pienses en lo que va a pasar». Aunque ella lo recuerda con cierta molestia, no le faltaba razón.

¿Alguna vez has notado que tiendes a adelantarte a los acontecimientos? Tal vez te consuele saber que no te pasa solo a ti. Esta costumbre es producto de una sociedad en la que vivir con estrés es el pan de cada día. Una sociedad que le da la espalda a la **inteligencia emocional**, con lo que va dejando secuelas mentales a quienes habitan en ella.

Pero que esto le ocurra a buena parte de la gente no significa que sea una buena costumbre. De hecho, si te pasas la vida esperando que llegue algo, lo más seguro es que acabes por no prestarle atención al presente. Apostar todo a una carta que puede no llegar te impide disfrutar de los momentos felices del ahora y, además, te incita a preocuparte por situaciones inciertas, que podrían darse o no darse nunca.

Pensar siempre en el futuro es una práctica que fácilmente puede provocar ansiedad. Al fin y al cabo, ¿qué es más estresante que aquello que no puedes controlar porque aún no ha pasado?

A menudo, la ansiedad surge por preocupaciones que no se enmarcan en el momento presente. Aparece ante la posibilidad de peligro, pero ese peligro no es una certeza. Se trata, más bien, de una amenaza que puede materializarse o no en un futuro más próximo o más lejano.

CONSEJO

Por esa relación de la ansiedad con el futuro es precisamente muy útil que centres toda tu atención en el momento presente, en lo que estás haciendo y en aquello que te rodea, para así tratar de olvidarte de ese futuro incierto que te mantiene preocupado.

En esto precisamente se basa el *mindfulness*, una técnica cada vez más utilizada en psicología. Consiste en prestar atención al presente y su origen está en el budismo. Ayuda a quienes lo practican a centrar la atención en su cuerpo, en lo que tocan, lo que sienten, lo que oyen..., en lugar de en la mente.

Si quieres practicarlo, es necesario que le prestes atención a un elemento que pueda servir como un ancla al presente. Hay un ejercicio, muy útil para los principiantes, que utiliza una uva pasa como ancla. En realidad, puede realizarse con casi cualquier alimento, pero lo mejor es que elijas uno con un tamaño manejable y cierta textura, por ejemplo, una almendra, una avellana o algún otro fruto seco.

Coge el fruto seco que hayas escogido y usa tus sentidos para anclarte al presente. Empieza por cerrar los ojos y tocarlo con los dedos, presta atención a su forma, su textura y su temperatura. Después, continúa usando el sentido del olfato. Por último, introdúcelo en la boca: céntrate en sentir de nuevo su tacto y su olor; luego, muerde con cuidado y disfruta del sabor.

Esta técnica, que te puede parecer absurda inicialmente, es de gran utilidad para que empieces a entrenar tu mente en la costumbre de prestar atención al presente. Por supuesto, si quieres dominar el *mindfulness* es imprescindible que practiques al menos unos minutos diariamente.

Además, no basta con que te centres en el presente solo durante ese pequeño periodo de meditación. Presta atención a lo que experimentas a lo largo del día, siempre procurando no emitir juicios al respecto. Cuando notes que la mente empieza a divagar, céntrate en tus sentidos, como hiciste con el fruto seco. Reflexiona, asimismo, sobre aquello que no te gusta, porque cuando huyes de algo es precisamente cuando persiste.

El *mindfulness* consiste en afrontar lo que vives y lo que piensas, y eso incluye tanto lo «bueno» como lo «malo».

Y recuerda que tampoco debes emitir juicios de valor sobre tus propios pensamientos. Si los juzgas, te aferras a ellos y no permites que pasen de largo. En verdad, hay que dejar de lado los conceptos de «bueno» y «malo» para poder tener éxito en el *mindfulness*.

Tus pensamientos son los que son, acéptalos y no pretendas cambiarlos ni te sientas mal por tenerlos. Déjalos ir y céntrate en la respiración.

Tampoco te olvides de ser compasivo y respetuoso contigo mismo. Empezar a meditar debería ser como educar a un niño pequeño. Es necesario que seas amable y comprensivo con tu mente.

De manera muy resumida, los pasos para practicar el *mindfulness* son:

- Observar el presente.
- Ser consciente de lo que está ocurriendo.
- Ser consciente de lo que piensas.
- Ser compasivo y amable contigo mismo. No juzgarte por pensar de una determinada manera.
- No aferrarte a los pensamientos, dejarlos ir.
- Devolver la atención al presente, utilizando los sentidos y la respiración para conseguirlo.

Tener tiempo para ti mismo es sinónimo de tener calidad de vida.

Significa que sabes cuándo parar para cuidar de ti y de tus relaciones. Recuerda que tú controlas el tiempo, que el tiempo no te controla a ti.

Si solo te dedicas a hacer, a ir de acá para allá, acabarás por descuidar tu mundo interior. Para tener una conducta sana es imprescindible encontrar un equilibrio.

Para conseguirlo, intenta analizar:

- Cómo y qué pienso sobre mí y sobre los demás.
- Cómo me relaciono y me comunico con el resto.
- Cómo organizo mi tiempo.
- Si realizo algún tipo de actividad física y en qué grado.
- Cuál es mi patrón de descanso.
- Cuál es mi situación financiera, cómo gestiono el dinero.
- Cómo cuido mi imagen.

¿Has dejado en el olvido alguna de estas áreas? Si es así, ¿por qué te has olvidado de ella? ¿Prestarle atención podría mejorar el estado de tu ansiedad?

Revisar cada uno de los elementos que componen el momento presente y tener claro su puesto en la escala de valores te permitirá tener cierto control sobre tu ansiedad.

EJEMPLO

Imagínate que mes tras mes notas que el dinero del sueldo apenas te llega hasta final de mes. Piensa si, cuando gastas, lo haces teniendo en cuenta lo que ganas. Piensa si tienes definido un objetivo de ahorro mensual. Pregúntate cuál debería ser el estado de tu cuenta bancaria para tener el área económica cubierta y poder disfrutar de cierta paz y tranquilidad al respecto.

Otros ejercicios para trabajar la atención plena y rebajar la ansiedad

Uno de los motivos más comunes por los que la gente acude al psicólogo es por su falta de preparación a la hora de enfrentarse a problemas que los superan. A veces es ansiedad; otras, estrés. Otras, como en el caso de Laura, los ataques de pánico que le sobrevienen las noches que preceden a sus exámenes de la universidad y que le impiden descansar durante la noche y rendir durante el día.

En todos estos problemas existe un denominador común: el escaso conocimiento general de técnicas de respiración y de relajación con las que hacer frente a los problemas.

Como hemos visto en el apartado anterior, vivir el presente es muy útil para no dejarse llevar por las preocupaciones. Al fin y al cabo, eso es lo que hacen los animales: comen, disfrutan de lo que el mundo tiene para ofrecerles, duermen y no se preocupan por lo que venga después. Los niños también actúan de manera parecida: se divierten, juegan, viven a tope el momento y disfrutan aprendiendo de cada instante. Lamentablemente, con los años la costumbre de vivir el momento se va perdiendo. Tal vez te hayas fijado en que, durante la etapa adulta, las semanas transcurren muchas veces sin pena ni gloria. Se convierten en una amalgama de momentos irrelevantes, a los que no prestas ninguna atención y que, por supuesto, tampoco disfrutas.

La idea de practicar el mindfulness es, precisamente,
que vuelvas a aprender aquello que de niño te salía de
manera natural. Se trata, simple y llanamente,
de que prestes tu atención plena a lo que haces.

Parece fácil, pero en el mundo en el que vivimos cuesta mucho practicarlo, porque el afán de ser multifuncional a menudo nos lleva a empezar tareas nuevas cuando ni siquiera hemos terminado las que habíamos empezado.

 Si estás acostumbrado a pensar siempre en lo siguiente que tienes que hacer, uno de los ejercicios más sencillos que puedes poner en marcha para bajar el ritmo, detectar los posibles signos de ansiedad y conocer su origen consiste en escuchar lo que dice tu cuerpo. ¿Cómo? De la siguiente manera:

1. Lleva la atención hacia donde sientes más ansiedad, seguramente lo podrás reconocer fácilmente. Quizás sea en el pecho, donde el corazón te late furiosamente, o en la cabeza, que parece a punto de explotar, o en la cara, donde puedes notar el calor que te cubre el rostro. Detecta en qué parte aparece y con qué intensidad lo hace.

2. Una vez que hayas detectado dónde y cómo se manifiesta la ansiedad, tienes que apropiarte de esta sensación. Elabora un esquema mental en el que

debes incluir la causa, las sensaciones que te produce y cómo lo afrontas.

3. Después, hazte con su control preguntándote:

- Si tuviera que poner un nombre a esta sensación, ¿cómo la llamaría?
- Si mi ansiedad tuviera un color, ¿cuál sería?
- ¿Y cuál sería su olor?
- ¿Qué tamaño tendría?
- ¿Cuánto pesaría?

Al definir la ansiedad en tus propios términos eres capaz de aislar las sensaciones que te produce. El simple hecho de reconocer que tiene un nombre hará que sea más fácil detectarla la próxima vez.

Este ejercicio te permite familiarizarte con lo que te ocurre y monitorear sus cambios, porque, si cambia de color, de peso, de tamaño o de olor, entonces sabrás que la sensación también ha cambiado. Hacer que la ansiedad se vuelva manejable es el primer paso, a partir de ahí el objetivo es que cada vez que aparezca sea más pequeña y menos intensa.

Para cambiar la forma en la que percibes tu ansiedad puedes imaginar que sueltas ese objeto que la representa. Algo tan simple como esto te permitirá comprobar que se puede gestionar, transformar y hasta lanzar bien lejos, o hacerla desaparecer incluso.

Otro ejercicio que te permitirá vivir en el aquí y ahora consiste en entrenar el agradecimiento.

Párate a pensar en los momentos buenos que vives cada día y da las gracias por ello. El objetivo es que empieces a valorar cada pequeño detalle positivo. La parte difícil es que tienes que hacerlo todos los días, sin excepción. Si un día ha sido especialmente gris, también tienes que ser capaz de encontrar un detalle positivo, por pequeño que sea, entre el malestar. Aunque de entrada parezca imposible encontrarlo, lo más probable es que exista. Piensa en lo difícil que es que un día, con sus veinticuatro horas, no haya tenido nada bueno: a lo mejor puedes agradecer que haya salido el sol, que un perro se haya parado a saludarte en la calle o que alguien te haya sonreído al pasar por tu lado. Haz un repaso del día, desde que te has levantado hasta la hora de irte a dormir, y te aseguro que serás capaz de encontrar algo.

Si crees que el agradecimiento diario no es el ejercicio idóneo para ti, puedes poner en práctica alguna otra técnica que te ayude a encontrar el equilibrio y el bienestar.

 Piensa en:

• ¿Qué has aprendido hoy?
  No importa si se trata de una cuestión técnica relacionada con el trabajo, o si se trata de un truco

de cocina que te ha explicado una compañera. Sirve, incluso, cualquier aspecto de ti mismo del que te hayas dado cuenta y que no habías percibido antes. El simple hecho de aprender te hace adoptar otra perspectiva. Al ser consciente de tus aprendizajes puedes desarrollar una actitud abierta y curiosa ante el mundo.

- ¿Qué has conseguido hoy?
Quizás sea un pequeño logro, como haberte levantado a tu hora, sin posponer la alarma del despertador, o haber desayunado antes de salir de casa. Estos pequeños logros personales no son menos importantes por formar parte de la rutina y, de hecho, son clave para tener una buena calidad de vida.

- ¿Hay algo que te haya alegrado o que te haya hecho sonreír?
Puede haber sido un comentario divertido de alguien, una frase que has leído y te ha emocionado o haber visto un paisaje bonito mientras ibas al trabajo. Cualquier detalle, por pequeño que parezca, sirve para ganarle terreno al estrés.

- ¿Cuáles son tus cosas favoritas?
Puede ser un lugar, una persona, una situación, una canción, un deporte, una comida... Cualquiera de esas cosas puede convertirse en protagonista de un buen momento, uno de esos momentos que tienes

que evocar cuando necesites sentirte bien. Cuando tengas que enfrentarte a una situación estresante, repasar mentalmente el listado de tus cosas preferidas te ayudará a sentirte seguro y calmado.

Este tipo de ejercicios sirve para aprender de cada situación y vivirlas con más intensidad, así como para entrenar la conciencia plena, que es una de las bases del *mindfulness*. Al ponerlo en práctica conseguirás:

- Estar más concentrado.
- Quitarte de encima la costumbre de hacer muchas cosas y no acabar ninguna.
- Aprovechar más tu energía, pues no la desperdiciarás pensando en exceso.
- Revivir sensaciones, recuerdos y actitudes positivas que de otra manera habrían quedado en el olvido.
- Captar la esencia de todo lo que haces.

Se podría decir que el *mindfulness* es lo contrario a la ansiedad. Si aprendes a cultivarlo, será difícil que esta aparezca. Y lo mejor: practicarlo es tan sencillo que puede hacerse en cualquier momento y en cualquier lugar. Es una manera de sentir libertad, porque eres tú quien elige aprovechar el momento, a pesar de la presión de un mundo que va a toda prisa; de quererse, porque te dedicas a ti mismo, velas por tu bienestar y cuidas de lo que estás haciendo, ya sea una tarea, un momento de relajación o una conversación con un amigo, porque le prestas toda la atención que se merece.

Retomando una idea que ha surgido antes, practicar el *mindful-ness* es lo más parecido a volver a ser niño. Cuando disfrutas del momento no solo te permites ser más feliz, sino que dejas fluir tus pensamientos y tu creatividad. No puedes tener nuevas ideas y sueños si en tu día a día vives preocupado por lo que harás mañana. Es imposible que fluya nada bueno si te pasas las horas estresado. Pero, cuando consigues despejar el espacio que las preocupaciones ocupan en tu cabeza, empiezas a tener mejores ideas.

1. Para educar cualquier hábito hay que empezar en la cabeza, en el terreno de los pensamientos. Puedes hacerlo mediante afirmaciones tan sencillas como «no necesito pasarme todo el día corriendo, puedo hacer primero una cosa y después, otra», «ir tan deprisa no me compensa, porque luego los resultados no son los que esperaba».

2. Una vez educado el pensamiento, toca adaptar tu conducta a lo que piensas: aprender a decir que «no», ordenar las tareas, gestionar el tiempo, procurar hacer las cosas lo mejor posible, poner la calidad por encima de la cantidad y la rapidez, etc.

El estrés derivado de no poder parar y de hacer cosas sin pensar viene, en muchas ocasiones, de la incapacidad que tenemos para decir «no». Seguro que alguna vez has pensado que, si te niegas a algo, los demás se enfadarán contigo. No obstante, querer abarcarlo todo y agradar a todo el mundo implica una sobrecarga muy difícil de llevar y, además, muy poco saludable.

Otras muchas veces la ansiedad se origina por algo que no has hecho o por una meta a la que no has llegado. Por el contrario, cuando tienes la seguridad de que dispones de tiempo suficiente para hacer lo que te has propuesto y estar donde tienes que estar, afloran sensaciones de calma y disfrute, de tenerlo todo bajo control.

Mucha gente decide no practicar el *mindfulness* porque cree que algunos de los ejercicios que se han puesto de moda, como la meditación, el yoga o la respiración consciente, no son para ellos. Pero estos ejercicios no son los únicos, ni funcionan por igual a todo el mundo. Lo mejor que puedes hacer es buscar hasta que encuentres una actividad que te guste y entonces dedicarle tiempo y recrearte en ella. Saber que está ahí, a modo de vía de escape, para que la uses en los momentos en los que más tenso estés.

Lo importante es que aprendas a prestar atención a lo que sientes, que redescubras los momentos que vives en tu día a día y, en definitiva, que tengas un papel activo en tu propia vida.

Por supuesto, el objetivo principal es desechar la ansiedad producida por las cosas que ya pasaron o que aún no han pasado. Pero pronto verás que practicar el *mindfulness* tiene otras muchas ventajas. No solo combate la ansiedad, sino que mejora tu calidad de vida porque te llena de energía y de aprecio por la vida. No se trata de exagerar las sensaciones y tampoco de renunciar a ellas, sino de que encuentres el equilibrio y puedas experimentar las cosas tal y como son a través de gestos sencillos.

Tener el *mindfulness* interiorizado te permitirá aplicarlo en otras esferas de la vida, como en los momentos de relax, a la hora de dormir, en las ocasiones que compartes con tus seres queridos... Al fin y al cabo, las distorsiones del pensamiento, la autocrítica excesiva, la falta de asertividad y las presiones sociales y laborales te alejan tanto de ti mismo como de aquellos a los que quieres.

También puede incidir en otros espacios vitales, como en tu relación con la comida. El concepto **mindful eating**, muy similar al término **slow food**, se refiere a dar a la comida el tiempo y la dedicación que se merece, sin prisas y sin distracciones, agradeciendo tener esa comida y disfrutando de la textura, el sabor y color de los alimentos. Se trata de dejar de calcular el tiempo que utilizas para comer y buscar un momento para ti mismo.

 Siéntate en una mesa de verdad, solo o en compañía, y dedícate tan solo a comer, sin teléfono móvil, sin televisión y, por supuesto, sin dedicarte al trabajo ni a los estudios en ese momento.

Por norma general, la mala relación con la comida está estrechamente relacionada con la ansiedad, por lo que todo el mundo puede beneficiarse de practicar el *mindful eating*. Deja atrás esas excusas que te pones para justificar el no dejarte tiempo para comer, o el comer de mala manera, de pie o delante del ordenador. Son excusas para no cuidarte. Si lo intentas, seguro que puedes sacar tiempo. Y, si realmente no tienes tiempo, entonces tienes que replantearte tu agenda, porque tus obligaciones no pueden ser tan vastas que te impidan dar respuesta a tus necesidades.

Todos los ejercicios incluidos en este apartado son recursos con los que dar la vuelta a los malos momentos. Tu diálogo interno puede ayudarte a vivir cada instante de forma más plena, por pequeño que sea, a analizar el porqué de un día malo y a aplicar estrategias para disfrutar de momentos tranquilos y positivos.

CONSEJO

En lugar de justificar la falta de tiempo, procura:

- Priorizar y dar valor a tu tiempo.
- Descubrir qué es lo que más te conviene en cada momento y expresarlo.
- Cuando algo no te interese, decir claramente que «no».
- Modificar tu diálogo interno y tu forma de comunicarte con los demás; ese es el primer paso para poder modificar tu manera de actuar.
- Visualizar aquello que te da energía y recordarlo cuando estés bajo de ánimos.
- Disfrutar de tener tiempo para ti mismo sin tener que justificarte.
- Entender que tu cuerpo y tu mente se benefician de rodearse de gente positiva.
- Dejar de lado aquello que no te gusta hacer o no te apetece, sin culpa.
- Bajar tus expectativas, porque la perfección no es necesaria y no te hará feliz.
- Buscar gustarte a ti mismo y estar de acuerdo con tus propios valores antes de intentar gustar a los demás.
- Dedicar tiempo al autoanálisis y comprobar si vas por buen camino o si tienes que cambiar algunas cosas de lugar.
- Aceptar que puedes cambiar tu perspectiva si modificas tus hábitos y entrenas tu nueva mentalidad.

Usar el humor como escudo para la toxicidad

 Ana casi siempre llega a las sesiones con una gran sonrisa porque está convencida de que logrará derrotar la ansiedad si consigue mantener una actitud positiva. En el proceso de mejoría es muy importante que el paciente entienda que su recuperación será posible si pone de su parte.

Efectivamente, una buena actitud es indispensable para poder combatir la preocupación y la amargura que producen las situaciones complicadas. No es nada fácil ser optimista cuando las cosas van mal, pero todo tiene solución y ver la luz al final del túnel te ayuda a disminuir el estrés.

A pesar de los problemas, hay que procurar ver el lado positivo de las cosas y pensar que, al menos, tienes fuerzas para avanzar e intentar salir del bache en el que te encuentras. Es una forma de gestionar el desasosiego, de ponerle un límite y decirte a ti mismo: «puedo salir de aquí».

> Introducir el buen humor en tu rutina es tan importante como incorporar el ejercicio físico o la comida sana.

Un gesto tan sencillo como sonreír te puede ayudar a afrontar la vida con una perspectiva más positiva y a alcanzar más fácilmente el bienestar. Salir de casa con la sonrisa puesta es una decisión personal que te ayudará a ti mismo y a los demás. Es más difícil seguir de mal humor cuando el otro está sonriendo, porque la felicidad es una emoción contagiosa, y la sonrisa es un lenguaje universal.

Pero no vale cualquier tipo de sonrisa. Mientras que las sonrisas espontáneas tienen un efecto relajante, una sonrisa forzada tensa de manera desagradable los músculos de la cara e incluso utiliza músculos diferentes de los que se usan para producir una sonrisa real. Las sonrisas espontáneas:

- Producen un mayor flujo de oxígeno.
- Fortalecen el corazón.
- Liberan endorfinas e incrementan las sensaciones de placer y bienestar.
- Aumentan la energía, la vitalidad y la motivación.
- Reducen la tensión muscular.
- Mejoran la calidad del sueño y, por lo tanto, hacen que descanses mejor.
- Ayudan a centrarte en el aquí y el ahora.
- Hacen posible ver las preocupaciones con otra perspectiva.
- Favorecen la creatividad y la libertad de pensamiento.
- Dan sensación de calma y bienestar.
- Favorecen la confianza en uno mismo.

Además, cuando ríes tu cuerpo se destensa, algo que sin duda podrás comprobar fácilmente después de pasar un rato divertido con amigos o de tomar un café con tus compañeros de trabajo.

Date tiempo para disfrutar, para pasarlo bien; de lo contrario, puede que el estrés y las obligaciones ni siquiera te dejen tiempo para respirar como es debido. ¿Qué tiene que ver la respiración con el buen humor? Pues mucho, porque está demostrado que respirar profundamente hace que disminuyan las emociones negativas. De hecho, los bebés respiran así, de manera lenta y profunda. Por desgracia, el paso del tiempo y el peso de la vida adulta hacen que esta costumbre se pierda y se vaya transformando en algo mucho más rápido, más superficial y, sobre todo, menos saludable para tu cuerpo. Por eso, es positivo que practiques la **respiración consciente** de manera habitual.

 Ponte una hora, por ejemplo, a primera hora de la mañana, y empieza el día inspirando profundamente por la nariz, llenando los pulmones de aire y espirando después.

Poco a poco, ve incorporando esta costumbre a lo largo del día. No se trata de estar siempre pendiente de la respiración, pero puedes prestarle atención cada vez que te sientas agitado o nervioso, o cuando al anticiparte a un momento difícil la preocupación te invada. También puedes practicarla justo después de esos momentos complejos, para calmarte.

Lo único que tienes que hacer es respirar por la nariz, puesto que así se expulsa el aire de forma más profunda y sosegada que por la boca, y procurar que el aire llegue a la parte baja de los pulmones, para que el abdomen suba.

Automatizar un gesto tan sencillo como este te permitirá prestar más atención a todos los aspectos del presente: las personas que te rodean, el espacio, la luz, el calor, los colores. Y es que cuando el nerviosismo te invade puedes estar presente físicamente en un sitio, pero no ver ni percibir nada, porque no tienes ni energía ni espacio mental para gestionar lo que ocurre.

Una vez que estés en condiciones de poder detectar de forma real lo que pasa serás menos susceptible a los malentendidos y, por lo tanto, al enfado, el miedo y la tristeza. Se trata de emociones básicas que cumplen una determinada función y que son útiles, pero no son agradables. Eso no significa que no tengas derecho a estar triste, a enfadarte o a tener miedo. No tienes por qué reprimir estas emociones: son parte de la vida, deja que afloren. Lo que tienes que tener en cuenta es que deberían ser un estado pasajero. No te aferres a ellas más de la cuenta.

CONSEJO

Por lo tanto, tienes que permitirte sentir las emociones a medida que llegan y dejarlas pasar. Para ello debes desterrar creencias como estas:

- La tristeza está prohibida.
- No tengo derecho a expresar rabia ni enfado.
- No debería tener miedo.
- Tengo que ser fuerte, pase lo que pase.

Es momento de deshacerse de estos pensamientos y cambiarlos por otros. Nadie es perfecto, y es imposible estar siempre de buen humor. Bajar las expectativas que tienes sobre ti mismo es el primer paso para alejarte de la ansiedad.

Cuando te quedas anclado a una emoción es como si estuvieses secuestrado en un momento pasado. No te deja avanzar, hacer proyectos, porque, aunque tu cuerpo está presente, tu cabeza está en otro lugar.

Al inicio de este apartado, mencionábamos lo importante que es mantener una actitud positiva. Sin embargo, eso no significa que las emociones negativas no tengan cabida. Lo que pasa es que con una perspectiva positiva puedes cambiar pensamientos recurrentes como «siempre me pasa a mí», «últimamente siempre tengo días malos», «mi vida es horrible» por otros como «hoy he tenido un mal día, pero pasará», «puedo llorar si es necesario, pero después tengo que dejar pasar la tristeza y seguir con mi día».

En definitiva, puedes pasar de tener sentimientos extremos, que parecen incontrolables e insalvables, a experimentar emociones más manejables y menos dramáticas que no alteran tu día por completo. En los dos casos hay emociones intensas. La diferencia radica en la forma que tienes de gestionarlas. Si eres capaz de huir de la queja compulsiva y la exageración, podrás pasar de una perspectiva catastrofista a una mucho más positiva.

Puede parecer algo banal, pero sonreír realmente ayuda a tener una energía más positiva. Si no terminas de creerlo, piensa en esas personas que van siempre con una sonrisa y comprueba que, efectivamente, transmiten mucha paz a quienes las rodean.

Eso mismo pasa cuando eres tú quien sonríe: la sonrisa tiene un efecto terapéutico tanto en quien la esboza como en quien la percibe.

¿Quién dijo ansiedad?

Trabajo y ansiedad: un cóctel peligroso

¿Problemas en el trabajo?

Javier tiene 39 años y es arquitecto. Llega a consulta muy preocupado, y el motivo no tarda en salir a la luz: lleva varias semanas estresado porque, por alguna razón, está absolutamente convencido de que lo van a despedir. El presentimiento no se basa en ningún hecho: en el trabajo todo sigue igual, su jefe lo trata como siempre y no ha surgido ningún problema relacionado con su desempeño. Pero Javier no atiende a razones. Sus preguntas se agolpan unas detrás de otras: ¿Qué voy a hacer ahora? ¿Cómo voy a encontrar un nuevo trabajo? ¿Por qué a mí? No se pregunta, sin embargo, si hay algo de verdad en sus preocupaciones. Solo es capaz de ver que, sin su trabajo, está perdido. Para él, toda su valía depende de su puesto de trabajo.

Cada vez es más común encontrarse con personas que desarrollan conductas adictivas relacionadas con diversos ámbitos de la vida. Muchas de ellas tienen que ver con las modas que mueven el mundo: tendencias sociales, como el consumismo, o laborales, como esa mala costumbre de estar disponible a todas horas.

Las **adicciones** pueden aparecer en cualquier momento, pero es más común que lo hagan cuando tienes las defensas bajas. Además, cuando el objeto de la adicción está socialmente aceptado, la sociedad te pone en bandeja engancharte.

Piensa:

- ¿Cuántos carteles ofreciendo alcohol ves al pasar por bares y restaurantes?
- ¿Con cuántas ofertas de 2 × 1 en comida rápida te encuentras mientras paseas por la ciudad?
- ¿Cuántas actividades diarias se hacen con el móvil en mano y te obligan a mantener la vista fija en la pantalla?

Es probable que, si te paras a pensarlo, no puedas recordar a nadie con una adicción declarada al trabajo o a la tecnología. Son conductas que están naturalizadas en la sociedad, están bien vista.

Cuando alguien es **adicto al trabajo**, poca gente lo ve como un problema. Seguramente lo vean como una persona comprometida, perfeccionista y luchadora, capaz de poner su carrera por delante de todo lo demás. Pero no es sano centrarse en un determinado aspecto de la vida hasta el punto de olvidarse de cuidar otras áreas, como las relaciones personales, el descanso o la salud mental. Si centras todos tus esfuerzos en un solo ámbito, lo más probable es que seas incapaz de desconectar, y eso hará que te arrolle la presión.

Muchas personas desarrollan trastornos de ansiedad relacionados con su entorno laboral.

> La sociedad, excesivamente tecnificada, califica de normales conductas que, pese a ser perjudiciales para la salud, no paran de extenderse porque favorecen la productividad.

Cuando se sitúa la productividad por encima del bienestar, cualquier trabajo puede convertirse en fuente de estrés, sin importar cuáles son sus funciones ni sus responsabilidades.

PUESTO DE TRABAJO	FUENTES DE ESTRÉS
Cargos directivos	La competitividad y la presión por ser el mejor
Puestos artísticos o creativos	La falta de inspiración, la presión por innovar y la incertidumbre económica
Personal sanitario	El exceso de responsabilidad y la vivencia de situaciones traumáticas
Profesionales de la comunicación	Las prisas y la competitividad
Profesionales de áreas peligrosas	El temor y la falta de seguridad
Policías y bomberos	Las altas expectativas
Responsables de las gestiones del hogar	La soledad, el aburrimiento y la falta de reconocimiento social

EJEMPLO

El hecho de no poder desconectar del trabajo a menudo se relaciona con el deseo de ser socialmente aceptado, de aportar algo a la sociedad o de obtener algún tipo de reconocimiento. No existe un objeto de placer, como podría ser la comida o la ropa; en su lugar, existe una fuente de placer indirecto. No te gratifica el trabajo en sí, sino su implicación social.

Cuando no eres capaz de encontrar el equilibrio entre el tiempo de descanso y la jornada laboral, corres el riesgo de volcarte demasiado en el trabajo y acabar reduciendo tu valía a un único factor. Además, la adicción al trabajo suele estar asociada a **patrones caóticos** de vida; por ejemplo, una dieta desordenada, falta de ejercicio o abuso del café, el alcohol y otras sustancias.

Igual de fácil que detectar similitudes en los comportamientos de los adictos al trabajo resulta identificar determinadas conductas que pueden predisponerte a desarrollar una adicción:

- La existencia de una **ambición** excesiva y descontrolada que te empuja a hacer «cualquier cosa» con tal de lograr tus objetivos.
- La existencia de una excesiva **competitividad** que te impide ser feliz cuando no eres el mejor.
- La tendencia a la **culpa**, que te lleva a ver toda actividad relacionada con el trabajo no como un reto positivo o como una nueva experiencia profesional, sino como un castigo o una recompensa.
- La **inseguridad**, que te conduce a buscar la aprobación de jefes y compañeros para suplir el gran espacio generado por tu falta de autoestima.

- La **soledad**, así como otras carencias en tu vida personal y familiar, que te empujan a ver el entorno de trabajo como la única vía de interacción social.

A pesar de que suele ser un rol bien visto, los adictos al trabajo no tienen por qué identificarse como modelos, ni como buenos compañeros o buenos profesionales. De hecho, detrás de esa tendencia hacia la perfección suele haber personas con poca paciencia, poca tolerancia hacia los demás y una actitud autoritaria. ¿Por qué? Pues porque, cuando eres adicto al trabajo y te cuesta desconectar, puedes empezar a pensar que los demás tienen que adaptarse a tu idea de lo que debería ser el trabajo. Esta actitud puede llevarte a embarcarte en conflictos con los compañeros que no siguen tu ritmo.

Darte cuenta de lo que pasa puede ser realmente complicado. Muchas personas no son conscientes de su problema hasta que somatizan esa carga mental y comienzan a experimentar síntomas más evidentes, como dolores de cabeza, subidas de tensión o problemas digestivos.

La adicción al trabajo y el **perfeccionismo** excesivo no son los únicos factores que pueden propiciar la aparición de la ansiedad en el lugar de trabajo. El miedo, la anticipación ante los problemas y la confusión por lo que pueda pasar son sensaciones comunes en el entorno laboral que causan mucho malestar.

Hábitos como vivir en el presente o esperar a tener toda la información antes de sacar conclusiones pueden ayudarte a gestionar el estrés laboral. Sin embargo, en terapia solemos encontrarnos con pacientes que hacen lo contrario: gente que saca una conclusión precipitada y, a partir de ahí, encuentra excusas que justifican sus prejuicios.

Imagínate que percibes que tu jefe te tiene manía, crees que no te escucha y que tampoco te valora. En cuanto notas que existe esa supuesta inquina, comienzas a ver más y más detalles que justifican esa creencia. ¿Por qué? Porque el ser humano tiende a ignorar todo aquello que no está de acuerdo con sus ideas y con sus deseos. Pero es necesario que afrontes tu día a día con objetividad. Si prestas atención a todas las conductas de tu jefe, quizás te des cuenta de que esta semana tiene que entregar un proyecto importante y que es el estrés el que habla por él. Es decir, si te dedicas a observar la realidad sin ningún tipo de sesgo, podrás disponer de la información completa y llegar a conclusiones por medio de la razón, y no solo a través del prejuicio.

Una vez que aceptes los hechos con toda la información, te resultará más fácil ver qué depende de ti y qué no. Aceptar lo inevitable te permite pasar página, porque lo inevitable es lo que no puedes controlar, lo que no depende de ti y, por lo tanto, no merece tu preocupación. De este modo, podrás centrarte y focalizar toda tu energía en aquello que puedes modificar o cambiar.

La ley de las probabilidades es muy antigua, pero funciona para eliminar las preocupaciones: si estás preocupado, pregúntate cuántas probabilidades hay de que ocurra y verás que son menos de las que en un principio imaginabas.

A partir del dato objetivo, tienes que ponerle techo a tu preocupación. Por ejemplo, si tus superiores están contentos con tu desempeño, puedes concluir que las probabilidades de que te despidan de forma repentina son muy bajas. Así que no puedes dedicarle una atención excesiva a esa cuestión.

> **EJEMPLO**
>
> Imagina que tienes una mala relación con un compañero de trabajo. Si sitúas tu nivel de energía total en un 10, ¿cuánta energía puede robarte esta situación? Concluyes que puede quitarte 5 puntos de energía, porque pasas bastantes horas a su lado y las molestias generadas por su presencia ocupan algo de espacio en tu mente. Pues, cuando notes que sobrepasa ese tope de energía que te has fijado, entonces tienes que ponerles freno a los pensamientos relacionados con ese problema y dedicarte a otra cosa.

Los sentimientos de odio y preocupación deben ocupar un espacio y un tiempo muy limitados en tu mente. Cuando el resentimiento hacia alguien es continuo y crónico, es esa persona la que controla tus emociones, no tú.

Poner tope a los sentimientos negativos y no desperdiciar tiempo en quien te lastima es una forma de controlar la situación. Si logras recuperar el control sobre tus emociones, te vuelves más fuerte, más seguro, y te conviertes en una persona a prueba de manipulaciones externas.

La **envidia** es otro de esos sentimientos que, además de generar infelicidad, provocan un enorme gasto de energía. Por desgracia, es una emoción extremadamente común en el entorno laboral, donde ser «mejor» es un estatus relativamente tangible, pues se traduce en puestos de más responsabilidad o en salarios mejores. Pero, como veíamos al principio del libro, la lucha por ser el mejor rara vez aporta felicidad, porque en un mundo de más de siete mil millones de personas las probabilidades de ser el número uno se reducen al mínimo.

Tienes que ser consciente de que las imposiciones sociales son, en realidad, elecciones. En un mundo en el que reina la competitividad, puedes elegir la admiración en lugar de la envidia. Y es que la envidia denota ignorancia, inseguridad, miedo y la existencia de un pensamiento demasiado rígido.

La envidia también puede ser síntoma de un **complejo de inferioridad** y de un miedo excesivo a la crítica. A todos nos afecta lo que piensen los demás de nosotros, especialmente si llega en forma de crítica destructiva. Sin embargo, tener clara la naturaleza de las críticas destructivas puede hacer que sean más llevaderas. Debes tener en cuenta que muchos critican no porque sean superiores a ti, sino porque las personas que destacan los hacen sentirse inferiores y, por lo tanto, intentan empujar a todo el mundo a ser como ellos. Quienes tienden a criticar lo hacen porque no saben gestionar tu forma de ser, dado que ataca su propia seguridad, su propia imagen, su caché... Además, cuando una persona te critica hagas lo que hagas, deja entrever que el problema no está en ti, sino en ella.

Por ese motivo, no debes permitir que la opinión de quienes te envidian influya en tu vida. Las críticas solo tienen la importancia que tú quieras darles. Tus acciones solo deberían complacer las expectativas de una persona: tú. Cuando tienes una autoestima sólida, la opinión del resto deja de tener poder sobre ti.

> La clave para mantener la calma ante una decisión es que lo que hagas esté de acuerdo con tus valores y tus creencias.

CONSEJO

Por eso, cada vez que te descubras buscando el reconocimiento externo, recuerda tres cosas:

1. Lo más importante es tu propia satisfacción. Tú eres el único que sabe con exactitud cuáles son tus objetivos y hasta dónde te ha llevado tu esfuerzo.

2. Cuando alguien critica algo que has hecho, está criticando una decisión, un trabajo, pero no está criticando quién eres como persona, porque tu valía no depende de un proyecto concreto.

3. A veces, las críticas constructivas son elogios mal gestionados, es decir, son una señal de que tus actos han despertado la envidia de otra persona.

La envidia, además de afectar a quien la recibe en forma de crítica, es perjudicial para quienes la sienten. De hecho, es una clara señal de baja autoestima y, además, suele provocar emociones desagradables como ira o frustración. La envidia también se relaciona con otros síntomas, como úlceras, dolores de cabeza, problemas de concentración y fatiga. Como ves, la envidia supone un obstáculo a la hora de desempeñar correctamente tu trabajo.

Cuando el cerebro está activo y en condiciones normales de hidratación y nutrición, no muestra signos de **fatiga**. En el trabajo, lo que produce tensión nerviosa no es trabajar en un proyecto que supone un reto, ni irse a dormir un poco más tarde por culpa de un turno de noche. Son el aburrimiento, los celos, la preocupación, la sensación de vacío, de inutilidad o de agobio los que fatigan y ponen en tensión al cerebro.

Pero, del mismo modo que has cultivado la tensión como hábito, también puedes lograrlo con la relajación. ¿Existe algún truco para que puedas acostumbrarte a la relajación? Por supuesto. Por ejemplo, mantener limpio y ordenado el espacio que te rodea favorece el orden mental.

> CONSEJO
>
> Si dedicas cinco minutos a limpiar y ordenar las pequeñas cosas que entorpecen tu entorno, tu lugar de trabajo, tu mente estará más despejada, porque le habrás quitado obstáculos para concentrarse.

Lo mismo pasa con las emociones. Resolver los conflictos emocionales en cuanto los percibes permite que tu mente trabaje de forma más fluida. Al fin y al cabo, las pequeñas preocupaciones son expertas en captar tu atención y, si no las eliminas con rapidez y de forma efectiva, pueden comprometer tu trabajo. La impresión de tener varios frentes abiertos provoca incertidumbre y dificulta la concentración, así que, si esas molestias diarias se pueden resolver cuanto antes, mucho mejor.

Quizás suene a cliché, pero cambiando la perspectiva con la que ves las cosas puedes transformar muchas de esas molestias en pequeños placeres. Por ejemplo, en vez de ver los días lluviosos como algo deprimente, intenta verlos como una oportunidad para bajar el ritmo y relajarte tomando un té o un chocolate caliente y viendo tu serie favorita en el calor de tu hogar. Cuesta, ¿verdad?

CONSEJO

Una forma de conseguirlo consiste en visualizar una situación hipotética en la que estés privado de estos pequeños detalles que te hacen disfrutar de la vida. De esta manera, podrás dar valor a lo positivo y relativizar esas pequeñas molestias que tienden a exagerarse y, por lo tanto, a robar grandes cantidades de energía.

Donde hay perfeccionismo hay ansiedad

Tamara llega a la consulta con una ansiedad severa, fruto de tener un trabajo muy exigente, una situación familiar complicada y un problema de salud que la preocupa. Al final, la situación ha explotado y ha afectado a su salud emocional. Al principio, parece que Tamara tiene muy claro el origen de su ansiedad. Sin embargo, no es consciente de que es ella misma, con sus elevadas expectativas y su exigencia, la que se boicotea.

El perfeccionismo y la ansiedad son dos realidades que se dan la mano.

No obstante, se sigue educando a los hijos con la idea de que deben ser perfectos. Desde pequeños, nos vemos inmersos en una sociedad muy exigente que espera los mejores resultados, primero en los estudios y luego en el trabajo. De hecho, muchas personas que desarrollan ansiedad durante los comienzos de su etapa adulta son esos niños «prodigio» que se acostumbraron a los sobresalientes en el colegio y, cuando llegaron a la vida real, se vieron sin herramientas para gestionar los fracasos.

¿Te sientes identificado? ¿Notas que tu felicidad depende de los resultados que obtienes? Si es así, está claro que la sociedad te ha contaminado con sus expectativas poco realistas.

Algunas características de las personas perfeccionistas son:

- Se ponen objetivos muy difíciles de alcanzar, sin darse cuenta de que lograrlos es prácticamente imposible. Por ejemplo, recibir la aprobación de todo el mundo o ser el mejor en todo son metas imposibles que solo generan frustración.
- Tienen una autoestima inestable y tienden a dudar de sí mismos, porque para ellos su valor como personas no está en quiénes son, sino en lo que hacen y lo que consiguen. Dependen de las opiniones de los demás y, por lo tanto, les cuesta disfrutar del momento.
- Hacen cosas que no concuerdan con sus deseos o sus valores para agradar a los demás. Ignoran sus propias ideas y, en el proceso, van perdiendo poco a poco su identidad.
- Basan sus vidas en un esquema mental muy poco saludable que consiste en creer que, si les gustan a los demás, recibirán su aprobación y, con ello, conseguirán ser felices.

No puedes estar siempre pensando en gustar y caer bien a los demás, porque si lo haces estarás siempre pendiente del qué dirán. Las consecuencias de poner la opinión del resto por delante de la tuya propia son:

- La **autocensura**: cuando tus ideas, pensamientos u opiniones no coinciden con los de los demás, no los compartes.
- La **indefensión**: cuando te atacan, no defiendes tus derechos, porque tener conflictos con los demás aumenta las posibilidades de no gustarles.

- La **exageración**: como quieres impresionar a los demás, haces cosas con las que no estás del todo a gusto.
- El **victimismo**: como siempre estás pendiente de los demás, crees que las cosas malas que te pasan también son culpa de los otros y olvidas que tienes poder sobre tu propia vida.
- La **desolación**: cuando recibes una crítica, aunque sea constructiva, sientes que has fracasado y te invade una tristeza inmensa.

Dejar de estar pendiente de la aprobación de los demás no es tarea fácil, y menos ahora que las redes sociales han aumentado la presencia pública y tienes más formas de agradar al resto.

> Es difícil hacerse a la idea de que tu grado
> de popularidad en el trabajo, tu número de amigos
> y conocidos o las interacciones que recibes
> en redes sociales no determinan lo que vales.

Tu valía responde a un conjunto de factores completamente diferentes: tu forma de ser, la manera en la que te relacionas con los demás, lo que aportas, tu grado de madurez, los aprendizajes que eres capaz de extraer de cada experiencia... Depende, en realidad, de muchas cosas más. El ser humano es tan complejo que reducir su valor a la aprobación externa única y exclusivamente es un error.

Todo esto no quiere decir que gustar a los demás no sea importante en absoluto. Al fin y al cabo, vives rodeado de personas y las relaciones que estableces con ellas son parte de tu día a día y esenciales para tu bienestar. Pero debes ser consciente de que los demás solo son eso, una pequeña parte de tu inmenso mundo personal.

Ser relativamente independiente de las normas sociales, escapar de vez en cuando de lo que está bien visto y desarrollar una cierta tolerancia a la desaprobación externa son formas de ser libre.

La opinión de los demás no va a darte una verdadera felicidad, solo supondrá un parche emocional. Tu motivación para hacer las cosas lo mejor posible tienes que ser tú mismo, tu satisfacción, tus objetivos. Esto es, son tus propias metas las que deben guiar tu vida. Si tu sueño es poder pagar un pisito con balcón en el centro de una pequeña ciudad, no te dejes arrastrar por aquellos que opinan que deberías comprarte una mansión.

> Lo que significa «hacerlo bien» para ti deberías decidirlo tú mismo. Deja que tu concepto de hacer las cosas bien sea, simplemente, acercarte cada vez más a tus objetivos.

Sin duda, es un pensamiento mucho menos radical y mucho más realista que la imposición de ser el mejor en todo momento.

¿Has aportado algo a alguien? ¿Te has esforzado tanto como podías en este momento? ¿Has logrado lo que te habías propuesto? Entonces, eso basta, deberías estar satisfecho. Y, si algo no sale tan bien como te habías propuesto, tampoco pasa nada. El trabajo y la vida personal te ponen un montón de obligaciones que unas veces puedes cumplir mejor y otras, peor. Tener un mal día es humano. La vida es compleja, y a veces una molestia en un ámbito concreto afecta a todos los demás. Le pasa a todo el mundo. Esta es una forma de pensar más humana, más equilibrada y, sobre todo, mucho más justa contigo mismo.

Para empezar a pensar de una manera más sana necesitas:

- Aceptar que puedes tener días malos y que a veces las cosas no salen como querías, sin exagerar ni dramatizar. Empieza a tolerar las pequeñas molestias asumiendo que son parte de la vida.
- Reconocer que, del mismo modo que hay cosas que dependen directamente de ti, hay otras situaciones que se escapan de tu control. Se trata de afrontar la realidad para evitar desperdiciar energía.
- Desterrar de tus pensamientos el excesivo perfeccionismo, que alimenta la intolerancia a los errores y la autoexigencia sin límite.
- Evitar las comparaciones destructivas y, en su lugar, compararte con los demás de forma constructiva, desde la admiración, para conseguir verlos como modelos, y no como competidores. Pedir el cese de las comparaciones sería ir contra la naturaleza humana: es normal que estés acostumbrado a establecer similitudes y diferencias con todo el que ves, pero no debemos hacerlo desde la destructividad. Cuando te comparas, sin darte cuenta magnificas en los demás aspectos que en ti mismo minimizas, porque los perfeccionistas tienden a ser mucho más permisivos con los demás que consigo mismos.

Lo más probable es que aquellas personas a las que envidias también te envidien a ti por algo que tú no valoras lo suficiente. Gestionar esas comparaciones desde el respeto a ti mismo también te permitirá ahorrar energía.

Los pensamientos sanos te ayudan a liberar estrés y te permiten ser más flexible, lo que te ayuda, a su vez, a ser más creativo y resolver los problemas de forma más efectiva. Por el contrario, los pensamientos limitantes son irracionales y te impiden avanzar.

Los **pensamientos limitantes** habitualmente aparecen en terapia a través del lenguaje. Cuando alguien explica lo que le ocurre en consulta, tiende a expresarse en términos absolutos: o bien o mal, o blanco o negro. Es necesario que cambies de perspectiva y entiendas que la vida está llena de puntos intermedios. Si lo haces, estarás menos disgustado, sin duda, y cultivarás un pensamiento más flexible y más proclive a la tolerancia. El equilibrio es sano siempre, pero lo es sobre todo en las situaciones más complejas. Si solo prestas atención a los extremos, te pierdes muchas cosas. Por el contrario, cuando contemplas el mundo con una perspectiva más amplia, te alejas del dramatismo y eres capaz de relativizar las situaciones complicadas.

Es normal tener cierta tendencia hacia el **pensamiento dicotómico**, porque al fin y al cabo es lo más cómodo, dado que te confirma lo que quieres oír. Pero los pensamientos más extremos suelen ser también los más subjetivos. Cuando exageras pierdes grandes cantidades de información. Si al menos eres consciente de tus exageraciones, entonces estarás un paso más cerca de cambiar. Cuando surjan, tienes que optar por debatir cada una de las situaciones exageradas que genera tu cerebro. Solo si las cuestionas, verás que, la mayor parte de las veces, esas posibilidades extremas nunca se convierten en una posibilidad real.

 Como ya hemos comentado, por normal general, la anticipación a los problemas genera más ansiedad que los problemas en sí. Por lo tanto, si te acostumbras a cuestionar esos pensamientos catastrofistas, estarás poniéndole baches a la ansiedad. Para hacerlo, puedes hacerte preguntas como:

- ¿De verdad sería tan horrible que esto pasara?
- ¿Qué consecuencias tendría?
- ¿Qué es lo peor que puede pasar?
- Si lo peor pasase realmente, ¿podría superarlo?

La exageración no es el único problema del pensamiento rígido. Este, además, hace que le prestes mucha más atención a los aspectos negativos de un hecho que a los positivos. Digamos que aplicas un filtro selectivo a tus pensamientos que hace imposible que tengas una visión global de la realidad.

A lo mejor, a estas alturas tu cerebro ya tiene ese filtro instalado por defecto. Cuando eso ocurre, se tiene una visión pesimista y los pensamientos se mueven en la línea del «debo» y el «tengo que». En tu lenguaje interno, deberían predominar los «prefiero», los «deseo» y los «me gustaría», pues generan menos presión y frustración. Cuando deseas algo lo haces voluntariamente, tú decides. Los deseos son emocionantes e inspiradores, pero no satisfacerlos no implica un fracaso, porque son una posibilidad, no una obligación.

Al principio de este apartado, hablábamos de que el concepto rígido de perfeccionismo proviene, en muchos casos, de la educación recibida por parte de padres y profesores. Aunque son las influencias más cercanas, no suelen ser los únicos culpables. Las redes sociales y los medios de comunicación también generan una presión difícil de gestionar en determinadas situaciones. Al fin y al cabo, te bombardean con sus mensajes las veinticuatro horas del día. Son vías de comunicación en las que resulta bastante difícil controlar los mensajes que se reciben y donde, además, triunfa la dicotomía entre el **éxito** y el **fracaso**. Se trata de influencias más difíciles de controlar que las de la familia y el colegio, pero menos directas, porque empiezan a tener efecto cuando ya se tiene cierto grado de madurez. Por el contrario, los primeros aprendizajes que se extraen de la familia y el colegio son, de entrada, incuestionables. Los niños aprenden por imitación y, a sus ojos, los adultos que los rodean son referentes a quienes seguir, por lo que no ponen ninguna objeción a lo que ven y oyen. El adulto es un referente y, como tal, tiene un poder simbólico sobre el niño.

Por eso es tan difícil desaprender lo que te han enseñado de pequeño, aunque a veces sea también muy necesario.

Madurar implica entender que ninguna enseñanza es incuestionable. Debes analizar si te aportan felicidad o si, por el contrario, te hacen propenso a la ansiedad.

Algunas enseñanzas negativas que sin duda pueden empeorar tu vida son:

- El **extremismo**, que va acompañado de ideas como «si no aceptan mi proyecto, habré fracasado en la empresa».
- El **dramatismo** y la exageración, que fomentan ideas como «he hecho el mayor ridículo de mi vida hablando en público y mis compañeros nunca lo olvidarán».
- La **negatividad**, que va acompañada de pensamientos como «si el jefe no me ha saludado es porque he hecho algo mal».
- Los «debo» y los «tengo que».
- Las **comparaciones destructivas**, como «mi compañero es mucho mejor que yo y nunca llegaré a hacerlo tan bien como él».

Que de vez en cuando te asalte un pensamiento de este estilo es normal. Todos pensamos así alguna vez. Lo importante es que no sea la tónica predominante, porque entonces te llenas de negatividad y pensar de forma sana se vuelve más difícil, ya que acostumbras a tomar por cierta una imagen distorsionada de la realidad. Nada más útil para desacostumbrarte a pensar así que debatir esas ideas poco flexibles que empeoran tu vida.

 Si tiendes a usar términos absolutos, puedes rebatirlos así:

- Si te dices que caes mal a todo el mundo, cuestiónate quiénes son todos.
- Si piensas que siempre te equivocas, pregúntate si realmente no has hecho nada bien nunca.

- Si crees que tienes que estar pendiente en todo momento de toda tu familia, piensa: ¿qué sería lo peor que podría pasar si no lo hicieras y cuántas posibilidades hay de que eso ocurra realmente?
- Si te culpas por haber fracasado en un proyecto, reflexiona sobre cuánto significaba ese proyecto para ti. Ponlo en una escala de valores y pregúntate si ha habido o habrá otros más importantes.

 Si tiendes a basarte en información sesgada o a hacer suposiciones, puedes cuestionarlas así:

- Si te dices «mi compañero es más inteligente porque lo ha hecho mejor que yo», pregúntate: ¿hay algo que se te dé mejor que él? ¿Es posible que tengáis diferentes grados de habilidad en diferentes tareas? ¿Puedes aprender de él?
- Si piensas «mi jefe no me ha saludado porque está enfadado conmigo», piensa si realmente has hecho algo para enfadarlo.
- Si crees que alguien te mira mal porque te odia, plantéate si realmente te conoce lo suficiente para odiarte o si tiene motivos de peso para hacerlo.

Todos estos pensamientos forman parte del día a día de mucha gente, pero que sean comunes no significa que sean sanos. Estarás de acuerdo en que te fastidian y te quitan energía.

Por eso, en lugar de pasarte los días frustrado y malgastando energía, merece la pena que pares un momento y te preguntes:

- ¿Qué ha pasado hoy para que me sienta así?
- ¿Ha ocurrido algo que me ha hecho perder el buen humor?
- ¿Puedo hacer algo para sentirme mejor?

Prioridades y valores: los cimientos de una vida

De vez en cuando, una persona llega a consulta porque se siente bloqueada a la hora de tomar decisiones relevantes en su vida, en este caso relacionadas con su desarrollo profesional. Este es el caso de Diana, que acude a las sesiones agobiada por las discusiones constantes con su jefe de área, una persona victimista que proyecta sus propias frustraciones en su equipo. Diana se siente culpable por todo, lo que hace que su autoestima haya caído en picado durante los últimos meses. Algo parecido le ocurre a Irene, que se siente estancada en un puesto de trabajo en el que ni evoluciona ni se siente a gusto, pero que mantiene por miedo a quedarse sin empleo. También tiene una sensación similar Luis, que se está replanteando su futuro profesional, vinculado a la ciudad del extranjero a la que se mudó hace unos años. Ahora se cuestiona si esa vida elegida hace unos años tiene sentido. Lo invade la incertidumbre de si volver a su lugar de origen, cerca de su familia y su zona de seguridad, limitará su carrera. Ha llegado el momento de tomar decisiones.

Estos problemas están muy relacionados con los valores de cada uno. Entendemos los valores como aquellos principios que dan plenitud y sentido a la vida y que, por lo tanto, suelen marcar la forma de actuar de una persona. Asimismo, están estrechamente relacionados con las **prioridades**.

EJEMPLO

Es probable que para una persona de carácter independiente tener pareja no sea una prioridad. Una persona leal seguramente ponga a su familia y amigos como prioridad. Alguien perseverante decidirá seguir esforzándose en aquellos trabajos que le suponen un reto, incluso una vez que hayan aflorado las dificultades.

Tus valores y prioridades determinan, en esencia, aquello que es importante para ti.

Tenerlos bien claros es importante; de lo contrario, lo más probable es que malgastes cantidades excesivas de energía preocupándote por cosas que, de tener ordenadas tus prioridades, no importarían tanto.

Una buena forma de conocer cuáles son tus priorida-des consiste en dibujar una tabla como esta, que te permitirá ordenar prioridades y visualizar el sitio que ocupa cada parte de tu vida:

	POCO IMPORTANTE	IMPORTANCIA MEDIA	MUY IMPORTANTE
Relación de pareja			
Educación			
Amigos y vida social			
Imagen, cuidado físico			
Trabajo			
Ocio			
Familia			

La importancia que das a cada una de estas áreas está estrecha-mente relacionada con tus valores. Y, aunque por norma general el término «valores» tiene una connotación positiva, no todos son sanos y coherentes.

Un **valor sano** es aquel que mejora la vida, en lugar de limitarla, es flexible, se puede cambiar y cuestionar. Además, un valor sano nunca vendrá impuesto del exterior: es algo en lo que crees por-que tiene sentido para ti.

Para comprenderlo mejor, veamos algunos ejemplos:

Marc tiene un puesto de relativa responsabilidad en una empresa de publicidad. Aunque le gusta su trabajo y tiene un buen sueldo, está frustrado porque ya en varias ocasiones le han rechazado ideas que él ha propuesto. Eso no significa que lo estén rechazando a él, pero no es capaz de verlo más que como un fracaso personal que lo lleva a castigarse.

Está claro que Marc tiene unos valores demasiado rígidos. Para él, el perfeccionismo es un valor inamovible e incuestionable que le impide disfrutar de un entorno que, en un principio, es positivo para él.

Aún más claro es el caso de Tania, que vive lejos de su madre y, cada verano, aprovecha sus vacaciones para visitarla. Sin embargo, los últimos veranos han estado repletos de malas experiencias: discutían constantemente por la incapacidad de su madre para comprender su forma de vida y a menudo Tania se convertía en el blanco de sus críticas. Por eso, este año ha decidido introducir un cambio en su visita: irá a verla, como de costumbre, aunque se alojará en un hotel cercano. Además, se ha negado a ver a algunos de sus primos y tíos, con los que no tiene nada en común y que no le aportan nada de valor. ¿El resultado? Menos discusiones con su madre, una actitud más cariñosa por parte de ambas y mucho más respeto hacia ella.

No obstante, Tania no está del todo contenta cuando se va. Se siente culpable por haber puesto su bienestar por delante de los caprichos de los demás y no puede parar de reprocharse no haber pasado más tiempo junto a su madre. Y es que la lealtad a la familia es uno de los pilares de su vida, pero para ella se ha convertido en un valor rígido que da lugar a conductas inflexibles. Si en lugar de centrarse en la creencia impuesta de que los valores familiares son lo primero se fijara en las consecuencias, Tania comprobaría que su nueva estrategia es más segura y feliz.

EJEMPLO

Por último, está el caso de Celia, que lleva diez años en una relación de pareja, a pesar de que los últimos seis años han sido un desastre. En su casa siempre ha oído que «quien bien te quiere te hará llorar» y, para demostrarlo, sus padres han seguido juntos a pesar de que podrían haber sido más felices por separado. Así que, aunque no es feliz, prefiere seguir con la relación para no hacer daño a su pareja.

¿Cómo son los valores de Celia? Para empezar, cabe destacar que no son propios, se los han transmitido, y ella no se los ha cuestionado en ningún momento. Su comportamiento se basa en el autosacrificio, un valor que le está quitando salud mental y felicidad.

Cambiar o cuestionar tus valores no significa que no te importen las cosas que solían importarte. Implica, sencillamente, que eres consciente de las consecuencias que tus creencias y acciones tienen sobre los demás y sobre ti mismo. Solo si eres consciente de cuáles son los valores que rigen tu vida, podrás decidir si son los adecuados o no, si te suponen un coste emocional demasiado grande y, por supuesto, si tiene sentido cambiarlos por otros más sanos.

Ambientes de trabajo tóxicos

Rubén tiene 31 años y trabaja como abogado matrimonialista. Últimamente, pasa menos tiempo en su despacho que de costumbre, porque utiliza alguna que otra tarde para acudir a terapia. A pesar de su corta edad, asegura que no puede más. Cuenta que ha perdido la ilusión y la motivación y, ahora, en vez de ver su trabajo como un reto, solo es capaz de ver los montones de papeles que le esperan sobre su escritorio.

El trabajo es uno de los temas más recurrentes en terapia psicológica, porque muchas personas no tienen del todo claro cuál es su papel dentro de la empresa. Igual que sucede en otras áreas de la vida, tener un rol bien definido te permite disfrutar de cierta tranquilidad laboral. De hecho, el origen de la ansiedad relacionada con el trabajo en muchas ocasiones viene de no tener claro:

- Lo que esperan de ti.
- Lo que tienes que hacer.
- Ante quién tienes que responder.
- Cuáles son los objetivos que debes alcanzar.

Todas estas incógnitas generan grandes cantidades de confusión y surgen por varios motivos: porque en la empresa no existe una buena estructura comunicativa y la información pasa de boca en boca como en el teléfono estropeado, porque la información ha llegado a ti correctamente, pero está incompleta, porque tus superiores dan por hecho que debes tener ya interiorizado ese conocimiento, porque no te sientes libre para preguntar... Entonces, entran en juego las creencias que te transmitieron desde pequeño, en el colegio, donde no siempre se motivaba a preguntar y donde los errores estaban tan mal vistos que muchos niños crecieron sintiéndose ridículos por no estar a la altura de lo que sus maestros esperaban.

Por supuesto, el **desequilibrio de poder** presente en una relación entre un alumno y un profesor, o entre un jefe y un trabajador, no ayuda. En los entornos de trabajo poco favorables acaba ocurriendo lo mismo que en el colegio, que pueden más el miedo y la vergüenza que la curiosidad y la necesidad de expresarse.

Cuando la comunicación brilla por su ausencia, cada empleado confecciona su propio rol y trata de encajar como puede en el gran entramado de la empresa.

Pero ¿por qué en algunos lugares de trabajo parece tan difícil encontrar la armonía?

- Porque no existen canales que permitan una comunicación fluida y bidireccional.
- Porque aquellos en puestos de responsabilidad tienen estilos de mando inapropiados.
- Porque se sitúa en posiciones de poder a gente con poca experiencia en el manejo de equipos.
- Porque los miembros de la empresa no tienen las habilidades sociales necesarias para desempeñar su trabajo.

- Porque no se tiene suficiente tiempo para desarrollar los proyectos de manera adecuada y entonces surge el estrés.

El entorno laboral tendría que ser un espacio en el que crecer a nivel personal y social, donde fuese posible aprender los unos de los otros. Lamentablemente, a veces las empresas están formadas por personas que no son conscientes de que los trabajadores son parte esencial de la empresa y que, por eso mismo, hay que protegerlos.

Y es que el trabajo es un área muy importante de la vida y, por lo tanto, un factor esencial en lo que al estado de la salud mental se refiere. Por consiguiente, empezar en un trabajo es un momento de transición que implica obtener nuevos conocimientos, conocer a gente y entrar en un lugar donde te esperan otros retos. Debería ser un momento crucial para ti, uno de esos momentos que no se olvidan y que, con el paso del tiempo, siguen presentes en tu memoria y te ayudan a cargar energía. En una situación ideal, un primer día de trabajo iría acompañado de pensamientos como «este es mi sitio» o «aquí puedo demostrar realmente lo que puedo aportar». Y existen empresas en las que eso es precisamente lo que pasa.

> EJEMPLO
>
> Un ejemplo real de una buena bienvenida en el trabajo ocurrió en una empresa donde una de las prioridades de los directivos era asegurar la permanencia de los empleados y su compromiso con los valores de la empresa. Antes de su primer día de trabajo, el trabajador recibió un correo de bienvenida que iba acompañado de información útil para facilitarle la llegada: información sobre dónde aparcar, la vestimenta que había que llevar y el horario que se debía seguir.

El primer día, uno de los directivos lo recibió en la entrada. Tras él, en la pantalla de recepción se podía leer un escueto pero necesario «¡Bienvenido!». Ese mismo directivo lo acompañó a su departamento, donde había un cartel anunciando la llegada de un nuevo empleado. A lo largo del día, los compañeros, que habían sido correctamente informados, se acercaron a su escritorio a saludar. Al encender su ordenador, se encontró este mensaje en la pantalla: «Bienvenido al trabajo más importante que tendrá jamás». También recibió un correo del CEO, que le daba personalmente la bienvenida y le deseaba un primer día inmejorable. Por si fuera poco, a la hora de la comida un grupo de compañeros se le acercó y lo invitó a unirse a ellos.

Estos no son más que pequeños gestos, pero todos juntos lograron que ese fuera un día para el recuerdo.

Por supuesto, este es solo un ejemplo de las muchas bienvenidas para el recuerdo que puede haber, pero es un buen comienzo para conseguir que alguien se sienta bien en su lugar de trabajo.

Más allá del primer día de trabajo, existen multitud de factores que pueden hacer que te sientas motivado y a gusto en tu empleo: un buen salario, estabilidad o tareas interesantes, por ejemplo. Pero hay un factor imprescindible, que puede marcar la diferencia entre quedarse en una empresa o abandonarla para siempre: el **reconocimiento**.

El reconocimiento es un concepto muy amplio que puede variar dependiendo de las prioridades y las percepciones de cada uno. Sin embargo, hay algo común a todos los seres humanos y es que el reconocimiento favorece sensaciones como sentirse a gusto en un sitio o sentirse querido. Por el contrario, la ausencia de ese reconocimiento genera incomodidad, disgusto y sufrimiento.

Un empleado poco valorado es un empleado desmotivado que puede caer en la improductividad, los conflictos y el absentismo laboral. También es probable que empiece a sentir ansiedad al cuestionarse constantemente cuál es la causa del aparente descontento de sus superiores.

Ya hemos explicado que, cuando el cerebro percibe un peligro, activa el mecanismo de la ansiedad. En tu entorno de trabajo, los peligros pueden ser de muchos tipos:

- Miedo a perder el trabajo.
- Miedo a sentirte solo o a quedarte aislado del resto.
- Miedo a ser humillado o avergonzado en público.
- Miedo a perder tu reputación o a manchar tu imagen.

Las amenazas que percibes pueden ser reales o estar distorsionadas por tus propios temores, pero en cualquiera de los casos son las culpables del estrés y el malestar. No obstante, su intensidad depende de varios factores:

- El control que tienes sobre los hechos: a menos control, más sufrimiento.
- Si las complicaciones son previsibles o no: si no sabes cuándo va a explotar una situación que percibes como una amenaza, o no sabes si va a explotar o no, lo más seguro es que te mantengas alerta y asolado por grandes cantidades de estrés.

- El grado de esperanza que tienes respecto a la posibilidad de que la situación mejore: cuando no tienes esperanzas, es decir, cuando crees que las complicaciones van a alargarse en el tiempo de manera indefinida, la angustia es más intensa.
- El grado de apoyo que recibes de tu entorno: si tus compañeros de trabajo, tus familiares y tus amigos te apoyan y te ayudan a verlo desde otra perspectiva, sin duda, el estrés y el malestar serán menos intensos.

El malestar no aparece de un día para otro, sino que gotea poco a poco hasta que, ante una situación crítica, el vaso se desborda. Sin embargo, al principio puede ser difícil darse cuenta de que algo no va bien.

> Una de las primeras señales que pueden alertarte
> de que algo no va bien en el trabajo es el cansancio.

Por supuesto, estar cansado después de una jornada de trabajo es normal. Lo que no es normal es estar completamente agotado, invadido por un cansancio que no desaparece tras unas noches de sueño reparador.

Si en tu lugar de trabajo vas acumulando tensiones, tu mente, incapaz de lidiar con todo a la vez, comenzará a fatigarse, y tú empezarás a sentir que eres muy vulnerable a las críticas, pero también a todo tipo de comentarios, incluso a los ruidos, las luces, las multitudes... Entonces, tu cuerpo se sume en un estado de alerta, preparado para luchar o huir, por si aparece algún peligro. Y, como nunca bajas la guardia, te agotas más y más y te vuelves cada vez más sensible a los estímulos.

El agotamiento y la tensión constantes pueden tener consecuencias en tu entorno familiar y de pareja. Quizás tus seres queridos sean los primeros en darse cuenta de que existe un problema y te lo hagan saber por medio de frases como «creo que trabajas demasiado» o «necesitas unas vacaciones». Sin embargo, también cabe la posibilidad de que tu entorno no entienda lo que está pasando. Ellos no están en tu entorno de trabajo y no perciben la causa del estrés, solo los síntomas. Ven el aislamiento y la falta de energía, pero no los problemas que los provocan, y eso hace que se preocupen, con lo que un problema que inicialmente solo sufrías tú también tiene consecuencias para tus seres queridos. Esto puede provocar sentimientos de culpa, por supuesto. Los sentimientos negativos dan pie a su vez a conductas relacionales débiles, donde se palpa tu inseguridad porque pides perdón por todo, te excusas constantemente o te alejas de los demás porque no tienes suficiente energía para mantener el contacto.

Dependiendo de cuál sea tu forma de ser, la tensión acumulada puede llevarte a poner en marcha conductas poco favorables tanto en el trabajo como fuera de él:

SI ERES...	EN SITUACIONES TENSAS PUEDES SER...
Empático	Poco asertivo, una persona que piensa más en los demás que en sí misma
Sensible	Demasiado vulnerable a las críticas
Sociable y extrovertido	Una persona que depende de la aprobación de los demás
Generoso	Fácil de convencer y persuadir

SI ERES...	EN SITUACIONES TENSAS PUEDES SER...
Orientado a las personas, al cliente	Una persona con poca iniciativa que depende de los demás
Introvertido	Una persona con tendencia al aislamiento, que se siente culpable por no relacionarse con los demás
Altruista	Ingenuo y demasiado confiado

La falta de claridad y la existencia de superiores o compañeros abusivos son causas comunes de malestar. Pero también hay factores contextuales, como la filosofía de empresa y sus valores, que te pueden hacer vulnerable a la ansiedad en el lugar de trabajo, incluso si eres una persona que se caracteriza por su fortaleza y su seguridad.

Hablamos de factores que no están bajo tu control y que, por lo tanto, son difíciles de cambiar, como, por ejemplo:

- La existencia de un **control autoritario**: no hay margen para tomar decisiones y tampoco hay libertad de expresión. Todo lo que puede hacerse viene pautado por la dirección, por lo que hacer propuestas está mal visto e incluso puede llegar a castigarse.
- El exceso de **competitividad**: se promueve ser el mejor a toda costa y, por lo tanto, se ridiculiza a los que no destacan. No existe la ayuda entre los compañeros, porque el «todos contra todos» rige el lugar de trabajo. Solo se valoran los resultados y no importa el bienestar de los trabajadores.
- Los **favoritismos** y las **persecuciones**: se promociona a los trabajadores que cumplen las normas a rajatabla, sin

cuestionarlas. Se valora más la fidelidad que el trabajo bien hecho. A las personas que destacan por su honestidad y su transparencia se las persigue, porque se las ve como individuos sospechosos que conspiran contra los intereses de la empresa.

- La **falta de confianza** es la norma: cuando no se cumplen los estándares de productividad, salen a la luz las amenazas de despido o de descenso. Lo que impulsa a los trabajadores no es la motivación, sino el miedo y la inseguridad.

La existencia de organizaciones con este perfil implica que, tras ellas, las personas que las sustentan tienen ideas así, que no permiten un buen ambiente laboral. Los empleados se contagian del ambiente tóxico y, ya sea por costumbre, por miedo o por falta de reflexión, siguen la filosofía de la empresa por inercia.

La actitud de estas personas en el trabajo se basa en tópicos como:

- Piensa mal y acertarás.
- Que alguien muestre interés en mí es una mala señal, seguramente quiere utilizarme.
- Si no se mantienen las distancias en el lugar de trabajo, el personal no rinde.
- Fomentar la participación me quitaría autoridad y disminuiría el respeto de mis empleados hacia mí.
- La creatividad y la innovación son totalmente innecesarias, porque ya piensa la empresa por ellos.
- Tengo que estar siempre alerta, porque si no los empleados no trabajan.
- Si dejo que mis subordinados se expresen libremente, empezarán a aprovecharse de mí.

- Dejar crecer y mejorar a mis trabajadores me hará perder poder. Si el resto destaca, yo seré invisible.

Hay muchas más, pero, en definitiva, todas consiguen lo mismo: impedir el desarrollo de buenas relaciones laborales. Este tipo de actitudes hacen que en el lugar de trabajo primen la desconfianza, el egoísmo, el estancamiento... Y, si los trabajadores no tienen permitido desarrollarse, la empresa tampoco puede salir adelante. Todo lo relacionado con la organización se encuentra sumido en una burbuja donde el control y la falsa sensación de seguridad son más importantes que la evolución.

¿Se puede luchar contra un lugar de trabajo tóxico?

En un intento de descubrir por qué estaba preocupada constantemente, Victoria llegó un día a consulta harta del teléfono móvil. En realidad, de los teléfonos. Lleva dos, el personal y el del trabajo, pero dice que la distinción no importa: cuando no logran contactar con ella a través de uno, la llaman al otro. Su jefe exige que esté disponible todos los días y a todas horas. Cuando no le envía un correo electrónico urgente, le envía un mensaje. Y, si decide no contestar, al día siguiente la trata peor que a sus compañeros.

Detectar ambientes laborales poco favorables no suele ser muy difícil. Sin embargo, mucha gente tiende a pensar que podrá con ello y, cuando se da cuenta del malestar que le produce pasar sus días en un lugar tan poco amable, ya no sabe qué hacer al respecto.

Como con todo, el primer paso es ser consciente de que algo no va bien: el ambiente de trabajo en el que te mueves choca frontalmente con los valores que rigen tu vida. Una vez que eres consciente de ello, puedes desactivar las sensaciones somáticas que se manifiestan cuando algo no funciona, pero no sabes qué: hablamos de insomnio, de conductas compulsivas como comer mucho o no comer, de los pensamientos intrusivos... Para conseguir deshacerte de estos problemas, es necesario que desarrolles una serie de habilidades que te permitan afrontar la situación. Puedes entrenar tu seguridad, intentar ser más asertivo o convencerte de que las críticas no son hacia ti, sino hacia las cosas que haces.

Sea como sea, como es una situación perjudicial, debes tomar una decisión. A veces, la más rápida puede ser dejar el trabajo. Sin embargo, antes de hacerlo es mejor que sopeses los pros y los contras:

- ¿Tienes un plan B?
- ¿Estás preparado para afrontar la carga mental que supone buscar trabajo?
- ¿Será fácil o difícil encontrar un nuevo puesto teniendo en cuenta tus habilidades, tu formación, tu disponibilidad y tu ubicación?
- ¿Hay algo que te guste de la empresa por lo que merezca la pena quedarse?

Si decides quedarte, entonces tendrás que procurar desterrar los pensamientos negativos hacia esas personas que te lo hacen pasar mal. Como hemos explicado antes, sentir odio y rencor hacia otros hace que sean ellos, y no tú, quienes controlan tus sentimientos, que, por cierto, drenan grandes cantidades de energía y, por lo tanto, no contribuirán en absoluto a tu bienestar.

Olvidar que alguien te hace daño no es fácil. Por ejemplo, un mecanismo muy habitual es negar lo que pasa, porque permite retrasar la toma de decisiones. Además, al modificar tu percepción de la realidad consigues que el dolor no sea tan grande.

También hay personas que niegan la realidad porque se rigen por pensamientos positivos erróneos y simplistas como «no hay que pensar mal de nadie» o «no hay que criticar nunca a nadie». Estas actitudes, llevadas al extremo, dan lugar a una realidad distorsionada donde o bien no existen los problemas, o bien no se percibe la magnitud que tienen. Pero minimizando la importancia de los hechos solo conseguirás engañarte y, además, te impedirá buscar soluciones reales. Por si fuera poco, puede llevarte a pensar que el problema, en lugar de ser del resto, es tuyo por ser demasiado sensible a su hostilidad.

Por supuesto, no se trata de regocijarse en las desgracias. Consiste, simplemente, en no enmascarar la realidad. Es difícil, porque la sociedad fomenta el pensamiento erróneo de que hay que tomárselo todo bien y estar contento pase lo que pase a través de consejos endebles y frases edulcoradas, pero es necesario hacerlo. Tampoco sirve de nada buscar causas racionales y crear falsas razones que justifiquen los comportamientos injustos de los demás. Es necesario desterrar ideas como:

- Son cosas que pasan en todos los entornos de trabajo.
- Es normal que el jefe me grite, está estresado por tener tanta responsabilidad sobre el personal.
- Lo que pasa es que tiene una personalidad fuerte.
- No le queda otra que actuar así.

De nuevo, los pensamientos de este estilo no sirven más que para maquillar la realidad, están muy lejos de solucionar el problema de raíz.

CONSEJO

Solo si eres consciente de los pensamientos y sensaciones negativas que te provoca trabajar en un ambiente tóxico podrás:

- Convertir la rabia en un aprendizaje que te permita conocer mejor dónde están tus límites antes de perder los nervios, qué actitudes no estás dispuesto a tolerar...
- Controlar tu conducta y no dejar que sea ella quien te controle a ti.
- Observar las relaciones tóxicas en las que te ves inmerso en el trabajo y desactivar esas conductas que te hacen perder el control.
- Aprender a reflexionar, analizar, planificar, aclarar malentendidos y desarrollar un discurso asertivo.
- Interiorizar que tienes derecho a cometer errores, a no saber o no entender y a tomar decisiones por tu cuenta sin miedo a restricciones.
- Ser consciente de que tienes derecho a proteger tus sentimientos de ese ambiente tóxico, tienes derecho a que no te importen las cosas que pasan dentro del lugar de trabajo.

Tu ambiente de trabajo puede ser más o menos estresante, pero son los mensajes que mandas a tu cerebro los que pueden conseguir que te perturben más o menos. Piensa que, cuando alguien te hace la vida imposible, tú no eres el problema, el problema es que esa persona es incapaz de canalizar sus inseguridades y sus miedos de forma saludable.

Tienes que aprender a defender tus derechos básicos
como persona y como trabajador, sin sentirte culpable
y sin tener que justificarte.

Debes ser consciente de que te mereces ser tratado con respeto y comprensión. Y debes exigir que se respeten tus libertades, como, por ejemplo, la libertad de expresión.

CONSEJO

Para dejar a un lado tu fobia a los lunes, debes:

- Saber lo que sientes: cuando empieces a sentirte mal, analizar qué sientes y cuál es su origen.
- Controlar tus emociones, pero sin negarlas y sin luchar contra ellas. Simplemente, procurar que te afecten lo menos posible.
- Aprender a tolerar la frustración que supone que alguien no te trate correctamente, porque solo así podrás asegurar un mínimo de energía y positividad durante la jornada laboral.
- Tener claras cuáles son tus expectativas laborales, porque eso te permitirá creer en ti mismo y defenderte ante las críticas de los demás. Recuerda que tú eres el único que sabe cuán cerca o cuán lejos te dejan tus actos de tus objetivos.

Recuerda que el **pensamiento racional sano** pasa por modificar algunas ideas que inciden negativamente en tu día a día:

EJEMPLO	IDEAS NEGATIVAS QUE NO TE PERMITEN AVANZAR	PENSAMIENTO SANO
	Necesito que todo el mundo me quiera.	No puedo gustar a todo el mundo, la aceptación social absoluta es imposible.
	Necesito resolver todo y ser competente en todo para sentir que soy útil para los demás.	Si no soy perfecto, no pasa nada. Puedo cometer algún error, eso no compromete mi valía.
	Tengo que ser el mejor en todo, no acepto medias tintas.	Huyo de los extremos. Hay matices entre lo malo y lo bueno. Mi vida no es una competición constante.
	Tengo que estar alerta constantemente, porque me preocupa todo lo que pueda ocurrir.	A veces ocurren cosas inevitables que se escapan a mi control. Me ocuparé de ellas lo justo.
	Algo que me afectó mucho en el pasado lo sigue haciendo y me seguirá afectando toda la vida.	Veo las experiencias pasadas como aprendizajes y no dejo que condicionen mi presente.
	Es mejor evitar ciertas dificultades que afrontarlas.	Soy responsable de mis actos y, por eso, tengo el poder de encontrarles una solución.

Las creencias influyen en tu forma de ver las cosas, que a su vez permea la manera en la que te comportas. Si cultivas el pensamiento sano, podrás actuar con madurez.

En una oficina, una persona con creencias saludables y actitudes maduras, cuando la acusan, demuestra que la acusación es infundada haciendo gala de una actitud profesional e intachable; si la aíslan, se limita a entablar las relaciones adecuadas para desarrollar bien su trabajo; si le faltan al respeto, se expresa con firmeza y asertividad, defendiéndose sin necesidad de atacar; si la critican de forma personal, pide detalles y pruebas objetivas de lo que ha hecho mal.

Gestionar de manera sana los conflictos en el trabajo es parecido a jugar al *go*. El *go* es un juego de origen chino que consiste en colocar fichas en un tablero cuadriculado, de modo que tus fichas ocupen una zona más grande que las del adversario. En el trabajo, ante personas difíciles, no tienes que esforzarte por conseguir venganza, ni por eliminar al otro. Basta con que ocupes más espacio que él. Cuando alguien intente hacerte pequeño, demuestra que puedes ser más seguro y profesional, de modo que, en comparación, su propia inmadurez y su falta de profesionalidad basten para desacreditar su comportamiento.

¿Y qué pasa cuando lo hostil no son las personas, sino el entorno? En ese caso, es probable que tengas una relación tóxica con tu trabajo. Algunas señales que pueden ayudarte a tomar conciencia de ello son, por ejemplo, pensar constantemente en lo que ocurrirá la próxima vez que vayas a la oficina. ¿Te suena eso de esperar con ansias el viernes y, entonces, pasarte todo tu tiempo libre rumiando la ansiedad porque cada vez queda menos para volver?

A veces, quedarse en ese entorno no es una opción, porque las cadenas que te atan a ella son tan fuertes que limitan tu libertad incluso fuera de la empresa y te impiden crecer también en otros ámbitos de tu vida. Tomar la decisión de dejarlo puede resultar muy duro, pero toda pérdida conlleva una oportunidad. Salir de ese ambiente tóxico te dará la oportunidad de:

- Revitalizar una carrera profesional que se había estancado.
- Proponerte nuevos objetivos profesionales.

- Desarrollar nuevas habilidades, tanto a nivel personal como a nivel profesional.
- Cambiar de área o de sector, explorar terrenos desconocidos.
- Ampliar tu red de contactos y establecer nuevos vínculos, personales y profesionales.

Y recuerda: tener odio y rencor hacia alguien que te lo ha hecho pasar mal implica malgastar mucha energía. El odio no te deja ser libre en tus emociones. Avanzar también es romper con esa atención continua, dejar de depender y poder decir con convicción frases como estas:

- Ojalá no me hubiera ocurrido, pero no puedo cambiarlo. Por suerte sé que el problema no era yo, sino su necesidad de luchar por el poder.
- No guardo rencor, porque sé que esa persona no sabe hacerlo mejor. Toda su vida le han enseñado a ser así y no conoce otra forma de sobrevivir, me compadezco.

CONSEJO

Para lograrlo, es necesario pasar por tres fases:

1. Juzgar lo que te ha hecho, admitir que ha existido un daño y aceptar el dolor.
2. Rechazar las consecuencias de sus actos y romper la dependencia que generan sentimientos como el odio o el rencor.
3. Comprenderlo para así cerrar ese episodio y poder seguir adelante.

La importancia de tomar decisiones

 Marcos acude a la consulta de psicoterapia porque se siente inseguro y afirma ser incapaz de tomar decisiones. Él aún no lo sabe, pero necesita establecer metas y fijar objetivos.

Al fin y al cabo, fijarse **objetivos** es básico para vivir la vida con energía e ilusión. Cuando alguien no tiene objetivos es o bien porque nada le importa, o bien porque nada lo motiva. Pero igual de importante que marcarse unas **metas** es que estas sean realistas, porque, si son muy altas, generan mucha preocupación y, entonces, hacen más mal que bien.

Una buena meta debe ser clara, específica, alcanzable, realista y enunciada de una forma positiva, ya que, de lo contrario, la mente se centrará solo en la parte negativa.

EJEMPLO Así, en lugar de decir «no debo suspender las oposiciones», es más eficiente decir «quiero aprobar las oposiciones».

CONSEJO

Es muy importante que tengas en cuenta que, para conseguir algo, tienes que dirigir hacia allí el foco de atención. Dicho de otra forma, si enfocas tu atención a tu miedo al fracaso, acabarás fracasando. Por lo tanto, si quieres establecer metas realistas, debes saber:

- Qué es lo que quieres,
- Qué es lo que tienes,
- Qué preferirías tener en su lugar.

Este sencillo análisis sirve para metas a corto, medio y largo plazo. Y esta distinción es importante, porque marca la energía que debes dedicar a cada objetivo.

EJEMPLO

Por ejemplo, si estás buscando trabajo y quieres estudiar inglés para mejorar tu currículum, está claro que se trata de una meta a corto o medio plazo, que podrías alcanzar en cuestión de unos meses. Si hace más de un año que te lo has propuesto, y no lo has hecho aún, entonces no tiene sentido que gastes energía pensando «debería estudiar inglés». Elimínalo de tu lista de objetivos a corto plazo por el momento y recuerda que siempre podrás retomarlo más adelante. Al hacerlo, te quitarás un peso de encima y te darás a ti mismo un respiro. Algunos de los factores más estresantes son justamente esos objetivos oxidados que perduran en tu cabeza y que se vuelven más obsesivos con cada día que pasa, porque no haces nada para conseguirlos.

EJEMPLO

Y lo mismo que ocurre con los objetivos pasa también con las relaciones. Si estás dolido porque un amigo se fue de tu vida hace años sin explicar por qué, lo mejor será que no lo pospongas más, háblalo con esa persona y hazle entender cómo te sientes. Porque, aunque parezca una tontería, si sigue merodeando por tu cabeza es porque te importa. Llama a tu amigo y dile de forma sincera y transparente que estás dolido por algo que hizo hace años. Exprésalo con serenidad, con la mínima carga emocional que puedas y de la forma más descriptiva posible. No dejes que esos asuntos sin resolver te hagan más daño aún.

Puedes encontrarte varias reacciones: que tu amigo te escuche con atención y tengáis una conversación amable, correcta, donde pueda pedirte disculpas, o que se ponga a la defensiva y se lo tome como un ataque. Sea cual sea su reacción, lo importante es decir lo que hace años que tienes guardado, porque solo así podrás cerrar ese capítulo.

Cuando tomas la decisión de cerrar episodios, en realidad estás luchando por hacer espacio en tu mente para relaciones, objetivos y vivencias nuevos.

Y es que la mente es como una casa: dispone de un espacio limitado y, si lo llenas de preocupaciones del pasado, no te quedará sitio para almacenar nuevas vivencias. Por eso, tienes que ordenar lo que tienes y tirar lo que ya no vale. Así, si quieres una nueva relación, debes hacer espacio y dejar de preocuparte por la antigua. Si quieres un nuevo trabajo, no te recrees pensando en lo poco que te gusta el actual: déjate ilusionar por las nuevas posibilidades y llénate de energía para buscar otro empleo.

Es cierto que hay determinados momentos, personas y experiencias que cuesta más sacar, pero tienes que pensar que al hacerlo estás luchando por tu bienestar. Sacarlo de tu espacio mental no implica olvidarlo por completo, pero sí ponerle un cierre y guardar de esa experiencia lo aprendido, sin necesidad de tenerla presente en cada momento. Hacerlo es tan sano como limpiar tu cuarto y tirar esos libros de la facultad que nunca más vas a leer y que te quitan espacio de almacenaje para cosas nuevas.

> Pero tomar decisiones no solo te ayudará
> a definir las metas que marcan tu futuro y a poner
> punto final al pasado, sino que también te ayudará
> a gestionar mejor el presente.

Al fin y al cabo, toda decisión implica elegir una opción y descartar las demás. Cada vez que descartas una opción, liberas una fracción del espacio total que hay en tu mente y, a la vez, ganas un poco más de tiempo para ti, de ese tiempo que pasarías preocupándote si no hubieses tomado esa decisión.

¿Por qué es importante esto? Pues porque el tiempo es lo más valioso que tienes, precisamente porque no es posible recuperarlo. Su volatilidad lo hace precioso, por eso una de las peores cosas que puedes hacer es obedecer a la sociedad y abarrotar tus días de actividades insustanciales, como si cada segundo fuese un lienzo en blanco que hay que llenar, en lugar de un fotograma único en la película de tu vida.

Y es que parece que no tener tiempo para nada está de moda. Actualmente, se describe como vago a aquel que encuentra un rato para descansar, y seguro que alguna vez has caído en la tentación de fingir que tienes más cosas encima de las que en realidad tienes solo para mantener tu estatus.

Pero ¿es necesario estar ocupado las veinticuatro horas del día? ¿Realmente todo lo que haces te aporta algo? ¿Hay algo que podrías cambiar para vivir mejor?

 Tienes que plantearte si lo que haces coincide con lo que quieres hacer. Pregúntate:

- ¿Qué es lo más importante para mí hoy?
- ¿De qué cosas puedo prescindir?
- ¿Cuáles de las cosas que voy a hacer hoy me harán sentir bien?

Si realmente crees que las personas estresadas son más atractivas, entonces tienes un criterio algo distorsionado de lo atractivo. Las personas que se organizan y saben priorizar demuestran que les gusta trabajar bien y transmiten un halo de serenidad. Por el contrario, las personas que viven ocupadas, o que quieren hacerte creer eso mismo, demuestran cierta desorganización. Puede que estén intentando cubrir los huecos de su vida con cientos de actividades por miedo a pararse a pensar, o por temor a quedarse a solas consigo mismas.

En cualquier caso, vivir una vida llena hasta los topes de tareas acaba por sobrepasar y estresar a cualquiera. No es necesario no tener ni un minuto libre, y sin duda no te hará más interesante. De nada sirve hacer un montón de cosas si no tienes el tiempo necesario para dedicarte a ellas con plenitud.

> No merece la pena vivir para el trabajo, ni para
> los estudios, ni para ninguna otra obligación.
> La clave es gestionar el tiempo de manera
> eficiente y así poder disfrutar de la vida.

Si el trabajo te provoca ansiedad, lo primero que debes hacer es pensar si eso te compensa. Si la respuesta es no, entonces tienes que analizar si te gestionas y organizas el tiempo de la manera correcta. Lo más probable es que estés utilizando métodos que no son los más eficientes, que no tengas tus prioridades bien ordenadas o que no sepas negarte a las cosas que te proponen.

No puedes poner tu salud mental en riesgo por culpa de ese miedo a decir que no. Tú sabes perfectamente la carga de trabajo que puedes gestionar en un día, pon el límite ahí y encárgate de hacérselo saber a los demás.

Además, si no gestionas correctamente tu tiempo, puedes caer en lo contrario, en retrasar más y más las obligaciones, de modo que ni las resuelves ni puedes descansar, porque pululan por tu mente constantemente.

Cuando retrasas algo una y otra vez, prueba a hacerte las siguientes preguntas:

- Cuando algo no me gusta, ¿es mejor quitármelo de encima cuanto antes o demorarlo durante un tiempo indefinido?
- Si lo demoro, ¿es porque no lo sé hacer? ¿He pensado en pedir ayuda abiertamente?
- Si no lo resuelvo por falta de tiempo, ¿podría organizar mi día de otra manera y encontrar un espacio para hacerlo?
- ¿Lo demoro porque estoy bloqueado y necesito que alguien me guíe?
- ¿Lo retraso porque dudo de si realmente lo quiero hacer?

Dar una respuesta a tus necesidades es clave para que desaparezcan y se lleven también la preocupación asociada. Esta preocupación te impide pensar muchas veces y te conduce a actuar por inercia, pero las respuestas están ahí y, si las buscas, podrás ver la luz.

Si no tienes tiempo para nada, te verás lidiando constantemente con una lista interminable de cosas pendientes. Aunque en el ámbito laboral es normal tener unas pocas tareas pendientes (si bien sin pasarse, en una cantidad manejable), no es necesario llevarse esa lista también al ámbito personal. La vida no tiene por qué ser una lucha constante.

Recuerda que tienes derecho a parar, a pensar, a retroceder,
a dar pasos en falso y a avanzar con paso lento pero seguro.
Tienes derecho a tener días libres, a hacer cosas por
y para ti, a cuidarte y a no sentirte mal por hacerlo.

No olvides que buscar la aprobación externa puede llegar a ser muy asfixiante. Tienes en tus manos la posibilidad de gestionar tu día a día como te apetezca. Aprender a tomar decisiones también es una parte importantísima en el largo proceso del autocuidado.

CONSEJO

A veces, decidir implica enfrentarse a un cambio. Y, como ya hemos dicho, el cambio asusta. Por eso, debes tener siempre en mente el motivo por el que has tomado esa decisión y lo que implica:

- Cuando tomes una decisión, recuerda bien qué es lo que tienes en mente en ese preciso instante, cuál ha sido la situación que te ha hecho decidir que necesitabas un cambio y qué objetivos quieres conseguir al tomar esta decisión.
- Una vez que tengas claro lo anterior, intenta no darle vueltas. Si te cuestionas todo constantemente y dudas de tu instinto inicial, lo más seguro es que nunca alcances el éxito.

- Cuantas más decisiones tomes, menos resistencia al cambio tendrás. Cada vez te costará menos y te dará menos miedo. Tendrás más energía, más fuerza mental y disfrutarás de un montón de emociones positivas: autonomía, valentía, motivación.
- Pocas situaciones son irreversibles. Tomar malas decisiones y corregirlas es parte de la vida. No te dejes dominar por el pensamiento rígido y recuerda que de los errores también se aprende.

Cuanto más control tengas sobre tu propia vida, mejor te sentirás. Cada vez que tomas una decisión, te estás demostrando a ti mismo que tu destino está en tus manos.

¿Quién dijo ansiedad?

Amor y ansiedad: ¿son compatibles?

Tener una relación de pareja sana es posible

Amanda y Mateo llegan a terapia de pareja tras años arrastrando una crisis que se ha agudizado por factores externos. Podrían haberse puesto en manos de un profesional mucho antes, pero los falsos mitos sobre el amor se lo han impedido. Hasta hace poco, creían que «el amor todo lo puede» y que «las cosas de casa tienen que quedarse en casa».

Muchas rupturas y crisis de pareja podrían evitarse si los miembros tuviesen las herramientas necesarias para hacer frente a los problemas emocionales. En la consulta, es bastante común encontrarse con gente cuyas relaciones no salen adelante por su bajísima tolerancia a la frustración: ante la primera señal de que algo va mal, cortan la relación, sin haber intentado solucionarlo. Otros tantos, acuden al psicólogo tras años y años de sufrimiento, perpetuado por esas falsas creencias sobre el amor que desde tan pequeños nos imponen. Casi parece imposible mantener una relación de pareja sana, ¿verdad? Pero es muy posible.

Empecemos por el principio. Como ya sabes, los seres humanos somos seres sociales. Como tales, estamos programados para buscar el apoyo, el cariño y la cercanía de los demás. Cuando no lo conseguimos, cuando el vínculo que establecemos con los otros no cumple nuestras expectativas, entonces surgen los problemas.

El **apego**, es decir, los lazos emocionales que te unen a los otros, son la base de tu personalidad. Surge en la más tierna infancia, a partir de la relación con los padres o cuidadores. Cuando los cuidadores están presentes, el vínculo que lo une con ellos aporta seguridad al niño, que entonces investigará libremente el mundo que lo rodea, consciente de que hay alguien protegiéndolo de los peligros. Pero, si no es así y el niño experimenta soledad, inseguridad provocada por la ausencia de los padres y falta de protección, tendrá dificultades para desarrollar este vínculo de manera saludable, lo que puede acarrearle problemas no solo durante el crecimiento, sino también en la vida adulta.

Aunque comúnmente se establecen cuatro tipos de apego, a grandes rasgos podemos dividirlo en dos categorías principales:

1. El **apego seguro**. Si tus padres o tus cuidadores estuvieron presentes de manera incondicional en tu infancia, lo más probable es que hayas desarrollado este tipo de apego. Si identificas estas constantes en tu niñez, seguramente no experimentes grandes problemas a la hora de relacionarte de manera sana con los demás, priorizando la confianza en tus relaciones.

2. El **apego inseguro**. Si tus cuidadores no estuvieron siempre a tu lado o fueron figuras negligentes, lo más previsible es que tengas algún tipo de apego inseguro. En ese caso, puede que tengas problemas para gestionar o comprender tus emociones directamente y que seas propenso a las relaciones tóxicas.

La falta de un apego sano durante la niñez puede provocar problemas en la vida adulta. El miedo, el aislamiento, la dependencia emocional, la incapacidad de gestionar las propias emociones, la falta de autoestima y la baja tolerancia a la frustración son tan solo algunas conductas que pueden salir a la luz ante un desarrollo incorrecto del apego.

EJEMPLO

En las relaciones de pareja, el apego inseguro provocará la dependencia emocional, es decir, la sensación de que necesitas a la otra persona para sobrevivir. Esta dependencia, producto de la idealización de tu pareja, te puede llevar a experimentar los celos y el miedo constante a una ruptura amorosa. Además, se han relacionado los diferentes tipos de apego inseguro con una mayor tendencia a padecer ansiedad y trastornos del estado de ánimo.

Pero ¿por qué afecta tanto el tipo de apego a las relaciones de pareja? Porque, cuando te relacionas con los demás, buscas en ellos seguridad, protección o amor. No se puede evitar, lo tenemos en los genes. Por supuesto, el niño, a diferencia de un adulto, necesita de sus figuras de cuidado para sobrevivir. Cuando estableces vínculos con tu pareja, no buscas que te dé supervivencia física, pero sí soporte emocional.

En una relación de pareja sana, ambas personas actúan con respeto y madurez y, además, son autosuficientes.

Pensar que necesitas de forma literal a tu pareja no solo crea ansiedad ante la ausencia, sino que favorece el desarrollo de un vínculo de dependencia extremadamente destructivo.

La relación entre el apego inseguro y la dependencia emocional es sencilla: durante sus primeros meses de vida, el bebé se familiariza con la ausencia, total o intermitente, de sus padres o sus cuidadores y, por lo tanto, no sabe distinguir si lo ayudarán a enfrentarse a los peligros potenciales. Una persona adulta con apego inseguro, entonces, identificará la ausencia de sus seres queridos con la inseguridad. Además, es común que estas personas sientan un terrible miedo al **abandono**. El hecho de no saber si aquellos a quien quieren estarán para ellos es lo que genera la dependencia.

> Depender de alguien no es sinónimo
> de tener un vínculo emocional fuerte.

Es normal que una relación te transforme, en cierto modo. Ya solo a nivel fisiológico estar con tu pareja te permite regular la presión sanguínea, el pulso, la respiración y los niveles hormonales. Su proximidad física influye en tu paz emocional y en cómo manejas las situaciones diarias y el estrés. Si a tu pareja la inquieta algo, puede que te afecte a ti también. Si está nerviosa, te lo transmite. El amor que os profesáis hace que se forme una especie de unidad.

Es la biología la que te lleva a buscar esa unidad y a elegir entre una persona u otra. Aunque la atracción tiene algunos aspectos «racionales», esta elección es en cierto modo irracional. Es como si hubiera una fuerza incontrolable y muy intensa que te empuja hacia tu pareja como un imán.

Uno de los factores que te atrae hacia los demás en general y hacia tu pareja en particular es, precisamente, la **búsqueda de seguridad**. Cuando tu pareja deja de satisfacer tus necesidades emocionales, tu cuerpo lo nota. La «unidad» se rompe y quizás notes mayor tensión muscular que antes, o te vuelvas más vulnerable a la enfermedad, porque la tranquilidad que antes te proporcionaba esa persona especial ha sido sustituida por un estado de alerta. Más aún, el hecho de tener una buena o una mala relación de pareja afecta a todo tu sistema vital: afecta a tu corazón, sí, pero también a tus niveles de energía, tu rendimiento en el trabajo, tu motivación y tu sistema inmunitario.

Quizás a estas alturas te preguntes: ¿cuál es el patrón de relación ideal? En una pareja sana, ambas partes disfrutan de la relación en cada momento del día a día. Esto es de vital importancia. Muchas relaciones no funcionan porque uno o los dos miembros de la pareja están siempre mirando al futuro: en sus obligaciones del próximo mes, en lo que harán en vacaciones, en lo que pasará el próximo año... Pensar en el futuro no es necesariamente malo. Lo que hay que evitar es vivir en el futuro. Tienes que limitar el tiempo que dedicas a planear y anticipar el futuro, porque cuando solo miras al mañana te olvidas de disfrutar de la cotidianidad de la pareja.

Aprender a saborear las pequeñas satisfacciones del día a día es indispensable no solo para la pareja, sino para tu salud mental. Saber disfrutar el momento, no estar ansioso por lo que vendrá y aprender a poner límites a los disgustos son actitudes clave para poder vivir una relación equilibrada. Además, es fundamental comunicar las cosas al momento, con respeto y transparencia.

Si te comunicas de manera asertiva con tu pareja, podrás expresar con claridad lo que sientes y, así, evitar malentendidos. Por el contrario, si te comunicas de manera agresiva o pasiva, bien regodeándote en los problemas, o bien ignorándolos para no molestar a tu pareja, corres el riesgo de acabar inmerso en una relación tóxica.

Las **relaciones tóxicas** no son siempre iguales. De hecho, pueden surgir en extremos opuestos:

- Cuando te dejas llevar constantemente por la **impulsividad**, tanto los buenos como los malos momentos afectan demasiado. Cada palabra, gesto y detalle son vistos como algo personal, por lo que es fácil que te disgustes con mucha facilidad. Para que estés satisfecho, tu pareja te tiene que aportar grandes dosis de tranquilidad y seguridad. Tus señales de alerta se encienden casi sin motivo, cualquier cosa te descuadra. Existe una dependencia que puede llevar fácilmente a la ansiedad.
- En el extremo contrario, se encuentran las relaciones formadas por personas muy independientes que le dan un gran valor a su autonomía. Buscar la **independencia** no tiene nada de malo. El problema viene cuando, a pesar de que te gusta la tónica de la relación, te agobia el exceso de contacto. Si la cercanía de tu pareja hace que te sientas invadido, tal vez caigas en la evasión y el aislamiento, dos conductas que pueden herir de muerte tu relación.

 Es necesario que conozcas qué tipo de relación tienes con tu pareja para saber si hay algo que deba modificarse y poder tomar cartas en el asunto. Para ello, puedes hacerte estas preguntas:

- ¿Cómo valoro la atención de mi pareja?
- ¿Me puedo obsesionar pensando en mi relación por cosas que han pasado o por ideas que me vienen a la cabeza?

- ¿Mi relación ideal pasa por tener contacto y cercanía constantes?
- ¿Me siento con poca libertad cuando estoy con mi pareja?
- ¿El futuro de mi relación me preocupa y me crea inseguridades?
- ¿A veces pienso que estaría mejor solo que con mi relación actual?
- ¿Siento que le gusto realmente?
- ¿Hacer actividades cada uno por su lado me da felicidad o, por el contrario, me genera estrés?
- ¿Alguna vez he notado que mi pareja me rehúye? ¿Por qué podría ser?

Trata de no ofrecer a estas preguntas una respuesta defensiva. Quizás tu primer impulso sea pensar que tu pareja te evita de vez en cuando porque ya no le gustas. Procura transformar ese pensamiento en otro más neutral como: «su actitud no tiene que ver conmigo. Quizás necesite hacer cosas por su cuenta y dedicarse a actividades de las que disfruta en mayor medida solo».

El objetivo de estas preguntas es detectar qué quiere cada uno. Cuando tienes claro lo que desea tu pareja, es más fácil respetar sus límites y hacer que la relación avance. Además, responderlas también te va a permitir averiguar si esperáis lo mismo de vuestra relación.

Construir una relación sana requiere colaboración, tiempo y paciencia.

 Aun así, si quieres saber cómo debería ser una relación de pareja sana y hasta qué punto coincide con tu relación actual, puedes tener en cuenta los siguientes indicadores:

☐ Ambos contáis el uno con el otro para tomar decisiones.

☐ Sois flexibles y podéis entender la perspectiva del otro, aunque no siempre veáis las cosas de la misma manera.

☐ Disfrutáis de aquellas actividades que lleváis a cabo juntos. No lo hacéis por obligación, sino porque os sale de dentro.

☐ Expresáis lo que sentís con naturalidad.

☐ Os sentís cómodos en el entorno familiar y social del otro y disfrutáis participando en ellos.

☐ Veis las discusiones como algo normal, que os permite negociar y avanzar.

Conductas que envenenan una relación

Elena y Óscar apenas rozan la treintena y son pareja. Aseguran que llevan mucho tiempo envueltos en una crisis y que la satisfacción conyugal es muy baja. Ya se han planteado en diversas ocasiones la posibilidad de separarse. Ella lo ve como el único remedio para sus continuos desencuentros. Óscar le ha pedido hacer un último esfuerzo, por eso acuden a terapia de pareja. A primera vista, es fácil ver que tienen un gran problema de comunicación. De hecho, su comunicación no verbal dice más que la verbal y apunta a una distancia descomunal entre ambos. Sus miradas no se cruzan en ningún momento. Mientras la postura de Elena transmite una actitud defensiva, Óscar se muestra algo más dispuesto a escuchar. No obstante, en cuanto empiezan la terapia, resulta bastante obvio que Óscar no está tan dispuesto a escuchar como parecía y que Elena puede tener razones para mostrarse a la defensiva. Pronto descubrimos que no se trata solo de un problema de comunicación y que ambos tienen una conducta muy agresiva que pone en riesgo su relación.

A veces, es difícil darse cuenta de que estás inmerso en una relación tóxica.

Sin embargo, hay algunas señales que pueden alertarte de ello:

☐ Tu pareja te transmite mensajes confusos, y a menudo no sabes qué quiere decir.

☐ Está muy pendiente de poner límites a la relación.

☐ Desconfía de ti y percibes que tiene miedo a que te puedas aprovechar.

☐ Le cuesta hablar de lo que hay entre vosotros.

☐ No sabe gestionar las discusiones. Cuando discutís, o se aleja o explota.

☐ Hay demasiadas reglas por su parte, sientes que condicionan el ritmo natural de vuestra relación.

☐ La relación no es equilibrada: uno impone sus normas, el otro las acata.

☐ Te hace sentir que ser tu pareja supone un esfuerzo enorme por su parte.

☐ Piensa que cualquier cosa puede arruinar la relación, así que no la disfruta. El miedo es más frecuente que la alegría y sientes que no valora los buenos momentos.

☐ Se toma todo lo que haces como algo personal. Casi cualquier cosa puede servir de excusa para que algo malo suceda.

☐ Cree que tener pareja es la única forma de ser feliz. Estar soltero le parece una desgracia, pero cuando tiene una relación vive en un estado de alerta constante que lo hace percibir todo como una amenaza.

☐ Le cuesta expresar lo que siente y espera que tú seas capaz de adivinarlo.

☐ Su concepto de las relaciones no es realista, está idealizado.

☐ Cuando algo no sucede como debería, pone distancia física y emocional.

Ser consciente de la existencia de estos patrones de conducta te permite analizar si ves como algo normal una relación que te roba energía en lugar de dártela.

A veces, cuando dos personas están inmersas en una relación tóxica, reciben incomprensión por parte de su entorno, porque desde fuera es fácil ver que este tipo de conductas son poco o nada saludables. Sin embargo, en consulta es común encontrarse con personas que ven con total naturalidad actitudes perjudiciales, por el simple hecho de que se han acostumbrado a cosas de este tipo:

- Tener que tirar siempre de la relación.
- Aceptar las normas que impone el otro sin que haya ningún tipo de negociación de por medio.
- Tolerar faltas de respeto.
- Aceptar mentiras.
- Vivir con base en falsas expectativas.

Si alguna de estas costumbres te resulta familiar, es hora de que te cuestiones por qué sigues aguantando, que investigues qué es lo que te lleva a ceder siempre, incluso cuando no quieres. Es muy difícil responder, porque tienes interiorizado que es lo habitual, y quizás la fuerza de la costumbre te haya hecho olvidar que hay conductas alternativas que podrían ser más agradables. Tienes que ser consciente de que no es bueno vivir así: destrozado, falto de energía o completamente anulado por una persona que debería hacerte sentir mejor, no peor.

Una vez que sales de esa relación, empiezas a cuestionarte por qué has aguantado tanto y cómo pudiste estar con alguien así. Te preguntas qué has hecho mal y buscas sin parar una respuesta que pueda explicarte por qué no viste que esa persona no te convenía. Cuando ya lo has pasado, empieza a resultar muy obvio que estar con tu pareja te hacía daño.

Lo cierto es que no siempre es tan obvio. Los manipuladores a menudo se presentan como personas afables de cara al público y, al principio, parece que son también así en la intimidad. Sin embargo, cuando pasa el tiempo y ya has caído en sus redes, su verdadero empieza a aflorar. Si profundizas, siempre habrá una razón por la que has estado con esa persona, algo que te engancha, sea más o menos sano. Debía de darte algún tipo de satisfacción, aunque al mismo tiempo tirase por la borda tu seguridad, tu autoestima y tu amor propio.

> Una pareja tóxica siempre sabe darte aquello que buscas: protección, cuidado, diversión, sexo...
> El problema surge cuando, a nivel emocional, pagas un precio demasiado alto por eso que te está dando.

Dependiendo de la forma de ser de tu pareja, las señales de que es una persona tóxica o de que habéis desarrollado una relación tóxica pueden variar:

- Una **persona insegura** está preguntándote siempre por tu pasado y por tus exparejas. Además, se cuestiona lo que sientes. Probablemente, sus inseguridades vienen de experiencias con relaciones pasadas que aún no ha superado y que le causan miedo o nostalgia. Su estilo comunicativo es inconstante, está lleno de altibajos. A menudo, no sabes a qué atenerte.
- Una **persona desconfiada** es aquella cuyo concepto de ti es negativo y destructivo. Para ella, cualquier descuido es indicativo de que la relación no funciona. Cree que el sufrimiento es inherente a las relaciones y su miedo al fracaso la hace estar constantemente alerta. Su estilo comunicativo es confuso. De vez en cuando crea expectativas de futuro que después olvida.
- Una **persona rígida** se caracteriza por su carácter impulsivo, que la lleva a actuar antes de pensar y antes de hablar con su

pareja. Acostumbra a callar lo que necesita, a acumular desaires hasta que al final explota. La confianza no es la base de sus relaciones y puede creer que quieres engañarle. Su estilo comunicativo es imprevisible. A veces intenta llamar tu atención manipulando las situaciones que vivís.

- Una **persona victimista** espera que adivines e interpretes por tu cuenta lo que le pasa. Sus expectativas sobre lo que debería ser una relación están completamente distorsionadas, lo que le impide disfrutar del momento. Su estilo comunicativo no es claro, y rara vez dice aquello que realmente piensa.

No debemos confundir a las personas tóxicas con personas malvadas. Las relaciones tóxicas trastocan tanto a quienes las sufren que es muy común que acaben convirtiéndose en personas poco sanas. Personas con mucha seguridad y un aplomo y una inteligencia altísimos, tras pasar por una relación tóxica, pueden cambiar su perspectiva y su forma de ser por completo, hasta convertirse en personas inseguras, vulnerables e intranquilas.

Actitudes tóxicas en la era digital: el *ghosting*

Eduardo y Macarena se conocieron hace unos meses y, tras varias citas, empezaron una relación. Al principio todo parecía ir bien. Sin embargo, poco después comenzaron a acudir a terapia de pareja, afectados por la desconfianza que sentían el uno hacia el otro. Un día, Eduardo apareció solo en consulta. Solo él y un mensaje en su móvil que decía

> *«Te dejo. Lo siento». Era de Macarena. No le había dado ninguna explicación, ni siquiera había caído en el típico «no eres tú, soy yo». En un primer momento, Eduardo trató de armarse de paciencia, convencido de que la explicación acabaría llegando. Después, perdió los nervios y empezó a mandarle mensajes y a dejarle llamadas perdidas. Macarena no contestaba a los mensajes y no cogía las llamadas; acabó por bloquearlo para que no tuviera ningún tipo de contacto con ella. Se había esfumado sin dejar rastro.*

A veces, ni siquiera es necesario pasar por una relación tóxica propiamente dicha para sufrir las consecuencias. Algunas actitudes propias de la fase de «tonteo», como el **ghosting**, consiguen exactamente el mismo efecto.

El *ghosting* es un término de origen inglés que se refiere a dejar de hablar con alguien sin previo aviso y sin motivo aparente, desapareciendo como un fantasma. Proviene, precisamente, de la palabra *ghost*, fantasma en inglés.

Parece sacado de una película de terror, ¿verdad?, pero está muy de moda ahora que la tecnología es una parte esencial de la vida en general y de las relaciones románticas en particular. El móvil actúa como escudo, da la protección perfecta para esfumarse. El fenómeno de desaparecer consiste, sobre todo, en no contestar mensajes y llamadas. El que lo realiza se siente seguro y poderoso. Lo ve como una forma fácil de huir de los problemas. En lugar de buscar soluciones, desaparece sin dejar rastro y sin tener que enfrentarse a las consecuencias de sus actos. Se trata de una **conducta evasiva** cuya razón de ser es evitar cualquier confrontación con el otro y es propia de personas inseguras e indecisas. Es una conducta impensable fuera del contexto virtual, donde es prácticamente imposible desaparecer sin dar explicaciones.

Muy diferente es la situación de quien está al otro lado, que percibe la ausencia como algo desconcertante e incoherente, porque ocurre sin ninguna explicación. Cuando te pasa, la inseguridad es tremenda. Es una falta de respeto, de empatía, de educación o de todo al mismo tiempo. Te deja un montón de preguntas sin responder y añade un nuevo miedo a tu mochila. Si lo has vivido, es normal sentir una falta de control total, ya que no sabes qué ha pasado ni por qué ha ocurrido. Además, te sientes maniatado: nada de lo que hagas puede ayudarte a contactar con esa persona, porque ha desaparecido sin dejar rastro.

En una primera fase, serás presa de una gran **incertidumbre**, provocada por la eterna espera. Aún estás en sus manos. La otra persona tiene el poder de hacerte daño y empiezan a aumentar la tensión y los nervios. La culpa entra en acción y piensas que quizás hayas hecho algo mal que la haya llevado a ignorarte. Cuesta hacerse a la idea de que esa persona ha desaparecido, pero sin duda lo más desagradable es no tener una respuesta clara y cara a cara, porque es lo mínimo que te mereces.

Volver a la normalidad emocionalmente hablando tras una situación así no es fácil. A la incertidumbre por no saber qué ha pasado y la desolación por haber perdido a alguien importante se suma la culpa, como hemos mencionado, la necesidad constante de buscar una actitud que haya hecho que la otra persona se vaya. Lo cierto es que no hay ningún motivo.

La persona que hace *ghosting* deja que la inseguridad
y la cobardía dominen su vida. En lugar de expresarse,
en lugar de gestionar sus emociones de manera
saludable, prefiere huir para no enfrentarse a ti.

El *ghosting* denota muy poca madurez y mucha torpeza emocional. Se trata de una conducta evitativa donde el otro te denigra, te confunde y te crea incertidumbre, porque no sabe o tiene muchas dificultades para comunicarse.

Es duro, pero incluso de una situación así puedes aprender. Ya conoces el patrón y debes ser consciente de que tal vez aparezca. Así, si vuelve a ocurrir, no te pillará de improviso y sabrás gestionarlo de otra manera, con un menor coste emocional.

CONSEJO

Si eres consciente de que quien lo hace no sabe hacerlo mejor y no tiene nada personal en contra de ti, te sentirás más aliviado, sin duda alguna.

Empezar de cero tras una relación fallida

César y Bruno llevaban doce años siendo pareja y parecían realmente felices. Al menos eso creía César. Sin embargo, acude a terapia destrozado: el que era su novio solo ha dejado una nota antes de irse, y él no puede dejar de preguntarse qué ha hecho mal para provocar su huida. Al final, consigue comprender que no es él quien ha hecho algo mal, y a la tristeza se le suma la ira.

Igual que tener una relación con patrones tóxicos puede generarte ansiedad, acabar una relación, si no ha sido del todo agradable, te puede condicionar para ver el mundo de las relaciones de forma negativa y totalmente gris. Es más, después de una **ruptura** pareciera que tu despecho no tiene fin. Sientes que estar roto eternamente es lo justo e incluso puedes creerte con derecho a pagarlo con los demás. Por si esto fuera poco, las creencias que desarrollaste en tu anterior relación vuelven, se transforman y te impiden avanzar. En este momento, quizás estés familiarizado con pensamientos como «soy tan extraño que acabaré solo», «todas las personas que valen la pena ya tienen pareja», «no puedo concentrarme en nada porque se me viene el mundo encima», «tendría que haber seguido con la relación, aunque no funcionase, para no sentirme solo»...

Se trata de pensamientos destructivos que habitualmente van acompañados de conductas igual de destructivas. Estos comportamientos pueden surgir al finalizar una relación, pero también en el momento en el que percibes que está a punto de acabarse e intentas salvarla a toda costa, o incluso en plena relación, cuando tu manera de actuar es ansiosa y acabas boicoteándote a ti mismo.

Algunas **conductas destructivas** habituales son estas:

- Tener comportamientos impulsivos o ansiosos, como intentar establecer contacto con esa persona a toda costa por medio de mensajes y llamadas telefónicas.
- No hablar con nadie, aislarte de todo el mundo porque piensas que lo mejor que puedes hacer es desaparecer.
- Amenazar a tu expareja en un intento de que vuelva contigo, o atacar diciéndole que estás mejor sin ella.
- Actuar con hostilidad, tratando de anular y degradar al otro.

Todas estas son maneras de canalizar tu sufrimiento desde una perspectiva errónea. Suelen aparecer cuando tu parte racional te dice que estás mejor sin esa persona, pero tu parte más emocional no está de acuerdo. Necesitas tranquilidad y estabilidad, dos cosas que solía darte tu pareja, y, ante su ausencia, te sumes en una montaña rusa de sentimientos, a menudo contradictorios.

En estos casos, es común confundir el amor con la preocupación, la ansiedad y la obsesión.

En lugar de aceptar lo que ha ocurrido, te aferras a los breves momentos de felicidad que habéis vivido recientemente para justificar tus esperanzas. Te acostumbras a vivir de pequeñas migajas, con el alma en vilo, esperando algún pequeño gesto que te dé un motivo para seguir.

Con el tiempo, la búsqueda de pareja empieza de nuevo. Y muchas personas ignoran que una de las primeras condiciones para desarrollar **relaciones saludables** es que se muestren tal y como son.

Muchas veces, la sociedad empuja a quienes buscan pareja a dar una determinada imagen.

EJEMPLO

- A los hombres les dicen que deben ser duros.
- A las mujeres, que parezcan lo suficientemente accesibles para no asustar, pero no tanto como para estar «al alcance de cualquiera».

Sin embargo, no te servirá de nada aparentar ser quien no eres. Quizás esa imagen de tipo fuerte o de mujer accesible te haga encontrar pareja, pero no se puede construir una relación sana desde el engaño.

No hay una fórmula mágica que pueda asegurarte que vas a encontrar a tu pareja ideal la próxima vez que lo intentes.

Si fuera así, todas las personas tendrían relaciones perfectas, y ese no es el caso. Lo que sí puedes hacer es aprender a detectar patrones que no te van a hacer feliz, teniendo en cuenta lo que quieres y deseas.

Tus **necesidades** son totalmente legítimas y, por lo tanto, no debes culparte si la relación no funciona porque tú quieres una cosa que tu pareja no puede darte. Lo que deseas no tiene por qué ser bueno ni malo, simplemente es así. Si alguien no lo entiende y, además, no hace esfuerzos por acercarse a tu postura y comprender tus necesidades, entonces no es la persona adecuada para ti, por mucho que duela.

> **CONSEJO** Nunca deberías empezar una relación pensando que tienes que cambiar tu forma de ser para que se adecúe a la otra persona. En su lugar, procura pensar si el otro puede darte lo que realmente quieres o necesitas.

Para tener una relación sana, el equilibrio es fundamental: tienes que pensar en el otro sin olvidarte nunca de ti mismo.

La ansiedad y el sufrimiento no deberían ser las sensaciones predominantes en una relación de pareja, ni de ningún otro tipo. No te encadenes a una persona que te hace daño simplemente por el miedo a la soledad. Piensa que en la vida te encuentras con personas que no te convienen, pero también con personas maravillosas que valen la pena. No ganas nada impidiéndote disfrutar y redescubrir el amor, ni cayendo en el viejo tópico de «no volveré a entregarme a nadie para evitar que me hagan daño». Eso solo demuestra que tienes una actitud rígida donde prima el pensamiento limitante.

FRASES LIMITANTES	CONDUCTAS LIMITANTES
No estoy preparado para una relación.	Evitar el contacto y la proximidad física.
No me atrevo a decir que la otra persona me importa y que la quiero.	Provocar celos en el otro para comprobar que me quiere.
Mi ex era el amor de mi vida.	Secretismo respecto a la relación anterior.
Si algo no me cuadra, me callo y me aíslo.	No pensar en los sentimientos del otro.

Otra costumbre muy poco saludable y que puede dar pie a la ansiedad en relación con la pareja es idealizarla demasiado. El amor de tu vida puede existir, pero no puedes pasarte la vida buscando a una persona perfecta. Nadie es perfecto y creer que alguien lo es solo te causará decepción.

Cuando eres consciente de que la perfección no existe, al menos no para los seres humanos, la presión de encontrar la pareja perfecta se alivia notablemente. Buscar de manera exhaustiva un amor de cuento de hadas es tan tóxico como pensar que nadie vale la pena, porque ambas creencias están lejos de la realidad.

La clave es decantarse por alguien que te transmita paz y tranquilidad mediante conductas como las siguientes:

☐ Tiene flexibilidad de pensamiento, lo que le permite revisar su conducta, sus ideas y no sentirse amenazado por las críticas.

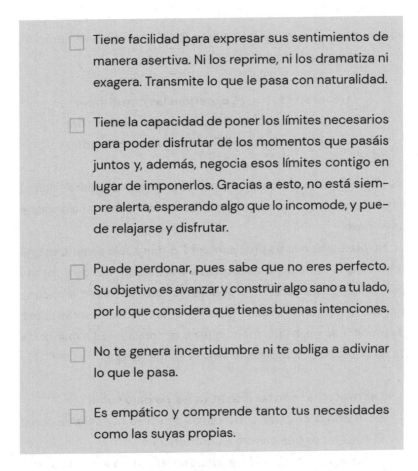

Tiene facilidad para expresar sus sentimientos de manera asertiva. Ni los reprime, ni los dramatiza ni exagera. Transmite lo que le pasa con naturalidad.

Tiene la capacidad de poner los límites necesarios para poder disfrutar de los momentos que pasáis juntos y, además, negocia esos límites contigo en lugar de imponerlos. Gracias a esto, no está siempre alerta, esperando algo que lo incomode, y puede relajarse y disfrutar.

Puede perdonar, pues sabe que no eres perfecto. Su objetivo es avanzar y construir algo sano a tu lado, por lo que considera que tienes buenas intenciones.

No te genera incertidumbre ni te obliga a adivinar lo que le pasa.

Es empático y comprende tanto tus necesidades como las suyas propias.

Tener o no estos patrones de comportamiento, aprendidos durante la infancia gracias a padres y maestros comprensivos y respetuosos, determinará el tipo de relaciones vividas en la edad adulta. Influye, especialmente, en las primeras veces, que suelen condicionar el concepto del amor y la pareja que desarrolla cada uno.

Cambiar lo que buscamos para ajustarlo a individuos sanos que te aporten tranquilidad y seguridad no es fácil. Pero si algo bueno puede extraerse de las malas experiencias es el aprendizaje sobre lo que no quieres. Cierto, la vida es un aprendizaje constante y cada situación sirve de algo.

> Haber vivido malas experiencias con el amor
> no tiene por qué condicionarte para desarrollar
> una actitud distante, ni para no fiarte de nadie.

No sirve de nada anticiparse a un sufrimiento que quizás nunca llegue. Las relaciones son para disfrutarlas, no para analizarlas a cada paso.

No obstante, eso es precisamente lo que suele pasar tras una relación que te ha provocado estrés o ansiedad. Vas de puntillas por la vida, preguntándote si podrás disfrutar de nuevo, si encontrarás a la persona indicada para ti y si, en el futuro, serás capaz de reconocer a esas personas que no te convienen. La respuesta es un sí rotundo, siempre que tengas en mente que:

· Las relaciones son para disfrutarlas, no para sufrir.
· En tu vida te cruzarás con muchas personas que valen la pena.
· El amor no es una carrera a contrarreloj.
· La transparencia y la sinceridad son las mejores herramientas comunicativas. No hay que jugar a las adivinanzas, pues dan lugar a malentendidos y hacen que ambas partes de la pareja gasten energía: uno tratando de adivinar y el otro pensando si lo va a captar.
· La felicidad no acaba cuando lo hacen las relaciones.

Si bien hemos dicho que no hay que pasarse el tiempo analizando las relaciones, siempre que te embarques en una nueva aventura de pareja debes prestar atención a las **señales de**

alarma. Si pierdes la confianza en ti o en tu pareja, si empiezas a tener patrones evitativos o si, por el contrario, aparece tu impulsividad con frecuencia, debes pararte a pensar qué está ocurriendo.

Cuando una relación no va bien, hay dos maneras completamente opuestas de exteriorizar los síntomas de ansiedad:

1. De forma muy evidente, por medio de reacciones que, desde fuera, parecen dramáticas o

2. De manera casi imperceptible, mediante el aislamiento.

En cualquiera de los dos casos, las emociones son desagradables. Es común experimentar tristeza, miedo, desesperanza, celos, inseguridad, agitación, culpa, desconfianza, resentimiento, señales que indican que algo no va bien.

> Un aspecto que falla en muchas
> parejas es la comunicación.

Debes evitar callar cosas por miedo a que el otro se enfade, o por inseguridad, porque dudas de tu propio criterio. No decirlo no hará que lo que te provoca desaparezca, así que lo mejor será gestionarlo. De hecho, la comunicación afecta, y mucho, a otras áreas de las relaciones de pareja. La mayoría de los problemas de pareja serían mucho más livianos si se hablara de ellos en el momento adecuado y de manera clara y concreta.

Mucha gente cree, por su educación, que expresar sus propias necesidades es inadecuado y egoísta. Nada más lejos de la realidad. Cuando le aclaras a tu pareja lo que quieres, no solo estás pensando en ti, sino también en el otro, que no tiene que andar rompiéndose la cabeza para entenderlo.

 En determinadas situaciones diarias, la comunicación puede convertirse en un foco de ansiedad. Con este ejercicio, puedes revisar tu manera de actuar y preguntarte si habría otra forma de afrontar la situación.

SITUACIÓN	¿QUÉ HAGO?	¿QUÉ PODRÍA HACER?
Hablo y noto que no me escucha, no presta atención a lo que digo.	Me levanto y me enfado, me voy para que venga a mi encuentro.	Le digo directamente que me importa mucho su opinión y que por eso necesito que preste atención.
Habla mucho de su expareja.	Me enfado y aprovecho para hablar de mis exparejas, para que entienda cómo me siento.	Le digo que el pasado no tiene que importar ahora y mejor centrarnos en nuestra relación.
Rechaza mis llamadas o no contesta a mis mensajes, solo responde cuando le apetece.	Me guardo el enfado y no digo nada.	Le confieso que me causa cierto malestar cuando no es justificado y le hago saber que es importante para mí sentirme correspondido.
Me llama en el último momento para hacer planes, sin ninguna antelación.	Le digo que ya estoy ocupada, aunque no sea cierto, y le cuelgo de malas maneras.	Le explico que me incomoda que juegue así con mi tiempo porque lo siento como una falta de respeto hacia mí.

Suele decirse que las **discusiones** acaban con la pareja, pero no es cierto. Una discusión llevada desde el respeto, cuyo objetivo es resolver un problema y así poder avanzar, es una situación saludable y constructiva. Lo importante es que expreses de forma clara lo que te preocupa, sin miedo a lo que pueda pensar o decir. El miedo al qué dirá es síntoma de una relación desequilibrada.

Es muy importante que confíes en tu pareja.

Cuando hables, hazlo pensando que te responderá escuchando con cariño.

Cómo desengancharse de una relación tóxica

Cada vez que Silvia acude a terapia hay una frase recurrente: ¿por qué? ¿Por qué no me di cuenta? ¿Por qué lo quise? ¿Por qué no rompimos antes? Ninguna respuesta es suficiente para tranquilizarla. Hace un mes que rompió con su expareja, con quien estaba inmersa en una relación extremadamente tóxica, y las heridas emocionales que le ha dejado son tan inmensas que no puede dejar de culparse.

Es común **castigarse** por elegir una pareja que no era la correcta. Quizás tú también lo hayas hecho, pero repetir constantemente que has sido «un estúpido» no va a aliviar tu malestar.

Siempre hay una respuesta que explica por qué lo hiciste. Lo que pasa es que a veces cuesta descubrirlo, porque el duelo por la pareja fallida te sume en un estado de negación. Pero hay una respuesta, claro que la hay. Nadie se aferra al sufrimiento por altruismo ni por masoquismo.

Como ya hemos visto, siempre hay una motivación que te hace seguir, que te engancha, que te crea dependencia. Pese a lo malo, esa persona te aportaba algo que necesitabas: bienestar, tranquilidad, compañía... Y eso que te daba era prioritario para ti.

Un simple vistazo a una aplicación de citas basta para ver que todo el mundo demanda que sus relaciones satisfagan un determinado tipo de necesidad. Es un buen modo de conocer qué es lo que más valora una persona: si dice que busca a alguien con quien ir al cine, busca compañía; si aclara que desea una relación basada en la transparencia, valora la sinceridad.

Cuanto más profundas sean las necesidades que satisface tu pareja, más difícil será romper los lazos que te hacen seguir a su lado. Por ejemplo, es mucho más fácil renunciar a una persona a la que te une el gusto por las mismas actividades, algo relativamente fácil de encontrar, que renunciar a alguien que te aporta protección y seguridad emocional.

Entender lo que te une a otra persona sirve para medir lo difícil que puede ser desligarse de ella, en función de la intensidad que esos valores tengan para ti. Quizás pedir una relación en la que no se sufra en absoluto sea utópico. Al fin y al cabo, los seres humanos somos tan complejos que, a veces, ni siquiera nos comprendemos a nosotros mismos.

CONSEJO

Ahora bien, sí es posible construir una relación en la que no haya cabida para el estrés crónico:

- Hay que poner límite al sufrimiento y procurar tener pensamientos flexibles. Destierra esa idea tan dañina de «mejor malo conocido que bueno por conocer». Anclarse al pasado puede ser tu primera reacción, pero sin duda no es lo más útil. Si tu relación se ha estancado, no te dejará crecer ni disfrutar. Nunca debes pensar que el amor es un sacrificio, porque eso solo da pie a la ansiedad y a la preocupación.

- Hay que superar la falsa creencia de que una relación hace que pierdas libertades. Es perfectamente posible enamorarse y, aun así, dedicarle tiempo a otras personas o a actividades de las que disfrutas en solitario.

- Tener ambiciones y sueños no relacionados con la pareja es sano. Lo que no es saludable es focalizar todo tu amor en una sola persona o en una sola cosa. Si no tienes metas que perseguir o motivaciones más allá de la pareja, caerás con facilidad en el aburrimiento.

- No te lo juegues todo a una carta. Si tu bienestar depende única y exclusivamente de tu pareja, cada pequeño problema será un cisma de proporciones bíblicas. De hecho, las personas que más destrozadas suelen acabar tras una ruptura son aquellas que se olvidan de todas las demás facetas de su vida en cuanto tienen pareja.

- Así que no permitas que tu pareja monopolice tu tiempo y mucho menos que controle tus planes y tus relaciones. Una persona que se enfada cuando su pareja pasa tiempo alejada de ella es una persona controladora e insegura que teme perder su poder y por eso lucha por no dejar solo al otro ni un segundo.

- Defiende tu libertad y tu individualidad y no permitas nunca que el miedo se apodere de tu relación. No se trata de dejar al otro de lado, sino de encontrar un espacio propio donde crecer y poder ser autónomo y espontáneo, donde puedas actuar sin preocuparte de lo que los demás piensen o digan.

- Y, por supuesto, asegúrate de no perder tu espacio personal. Es normal querer preservar cierto grado de intimidad y sentirse incómodo si alguien lo traspasa. Que tu pareja no respete tu privacidad es una señal muy clara de que ni te respeta ni confía en ti.
- No tienes por qué compartirlo todo. De hecho, es muy común que las parejas que pasan el 100 % de su día juntos pierdan rápidamente la «chispa» de su relación y caigan en la rutina.
- No dejes que nadie te meta en la cabeza que la independencia no es necesaria, porque es ahí cuando se pierde la libertad y acabas entregando toda tu energía a alguien que no te quiere como debería. Y, entonces, llegan la **apatía** y la **resignación**, que son muy malas compañeras de viaje, porque te impiden escapar del peligro.

Y al final te acostumbras a estar mal. Te aferras a lo conocido, porque tendemos a interpretar que lo desconocido es peligroso, y te convences de que es lo que hay, de que podría ser peor.

Si estás en esta fase, déjame decirte que aún te queda mucho camino por recorrer. En este momento estás como abducido. O bien no te das cuenta de lo que te hace daño, o bien te engañas con:

EJEMPLO

- **Sesgos**: «quizás no ha hecho nada malo, a lo mejor soy yo, que lo veo de forma exagerada».

- **Negación**: «no estoy tan mal, en realidad. Es cierto que los momentos malos son muy malos, pero los buenos son muy buenos».
- **Justificación:** «me trata así porque está cansado. Es normal, ha tenido un mal día y se ha desahogado conmigo».
- **Idealización**: «es cierto que estamos atravesando una mala racha, pero acabará pasando. Al fin y al cabo, es el amor de mi vida».
- **Falsas ilusiones**: «seguro que se acabará dando cuenta de lo que ha hecho y me pedirá perdón. Y entonces estaremos mejor que nunca».

Estas frases parecen sacadas de una película dramática, pero lo cierto es que es bastante común escucharlas en la vida real, dichas por personas que querían creer a toda costa en un amor idílico que no existía, con unas expectativas distorsionadas y sin ningún tipo de realismo.

> Tienes que entender que tu relación es lo que es,
> y no lo que te gustaría que fuera.

Dar este paso a veces cuesta y duele, pero es necesario. Si ambas cosas coinciden, entonces perfecto, parece que la relación va viento en popa. Pero, si tus expectativas no se ajustan a la realidad, te provocarán mucho sufrimiento, a no ser que logres que se adapten.

Solo cuando eres realista con lo que tienes y también con lo que te gustaría tener puedes encontrar una solución alternativa, porque ya has asumido que ese ideal no se va a conseguir. Huye de creer que hay amor donde no lo hay, porque eso solo te hará retroceder. No te dejes guiar por los recuerdos bonitos que has idealizado en tu mente, ni caigas en esa nostalgia enfermiza que puede dejarte anclado al pasado. Es importante que vivas en el presente, porque solo así serás consciente de la realidad de tu relación.

Tu mente está dispuesta a engañarte con tal de no afrontar el cambio. Es casi como si tu cerebro se volviese adicto a la otra persona y se afanase en repetirte que todo está bien como está y que el dolor se acabará pasando si tienes la suficiente paciencia.

> **CONSEJO**
>
> La mejor cura para la adicción es la ruptura total, sin medias tintas. Cuando una relación se mantiene por algún valor común, por alguna afición o por simple costumbre, pero de forma global no funciona, es mejor cortar por lo sano. Esas costumbres que te mantienen atado a la otra persona, como ir a cenar o salir de fiesta, puedes hacerlas también con amigos.

No es momento para romanticismo y tampoco para justificaciones. Romper es duro y después de la ruptura viene la abstinencia: el momento en el que tocas fondo y te das cuenta de hasta qué punto has sacrificado tu bienestar por esa relación. Por suerte, también es el momento en el que te das cuenta de la realidad. Es un punto de inflexión que permite empezar de cero, con las ideas bien claras.

Para poder llegar a ese punto de inflexión, primero debes ser consciente de que estás anclado en una relación poco saludable. Hay algunas señales que pueden hacerte sospechar que estás enganchado a la otra persona:

1. Cuando tu pareja te pide poner tiempo o distancia entre medias, porque no sabe lo que quiere y necesita aclararse, y tú aceptas esa condición, pero sigues dependiendo de la otra persona y te pasas los días pendiente de si se decide o no. Aunque no es matemático, ese «necesito tiempo» suele indicar que la relación se ha acabado, aunque la otra persona no sabe cómo decirlo. Duele, pero lo mejor es asumir que si duda es porque no quiere estar a tu lado.

No vale la pena vivir con incertidumbre y sufrir una espera eterna. Y, si no estás convencido, trata de aplicártelo a ti mismo: ¿alguna vez te han ofrecido algo (hacer un plan, aceptar un trabajo, apuntarte un curso...) que haya despertado tus dudas? Seguro que sabes que, cuando esa duda se alarga por horas, la respuesta está más que clara, es negativa, no quieres aceptar. Lo mismo ocurre cuando la decisión de tu pareja se demora durante días. La otra persona sabe perfectamente lo que quiere, pero no sabe cómo decirlo, y cuanto más esperes más daño te hará la respuesta.

> CONSEJO
>
> Lo mejor que podrías hacer es decir: «no acepto tu tiempo, porque no va a solucionar nada, así que es mejor dejarlo aquí». Puede sonar duro, pero estás transmitiendo un mensaje bien claro: no quieres que nadie juegue contigo y pones tu propio bienestar por delante de esa relación que ya está abocada al fracaso. Eres tú quien decide cómo gestionar tu tiempo.

2. Otra señal que te puede alertar de que algo va mal es la **falta de privacidad**. El concepto de pareja en el que se

comparte absolutamente todo no es para nada sano. Y muchos problemas irreversibles surgen con la costumbre de contarlo todo, incluso los detalles más intrascendentes, de forma que se vuelve trascendente para la relación y entonces empiezan las dudas:

- ¿Es malo quedar con un amigo con el que has estado a gusto y no contárselo a tu pareja?
- ¿Tienes que sentirte mal por tomar un café con un compañero de trabajo con el que tienes mucho *feeling*?
- ¿Es una traición tener confianza con un amigo al que le cuentas más cosas que a tu pareja?

Ese tipo de dudas generan mucha incertidumbre y mucha incomodidad, y en una relación sana no tendrían razón de ser.

CONSEJO

Tienes derecho a estar a gusto con otras personas, a tener confidentes, a reírte y disfrutar con otra gente y, en definitiva, a gozar de una esfera social en la que tu pareja no es el único actor. Si no hay nada trascendente que contar, ni nada por lo que preocuparse, estás en tu derecho de no explicarlo. Piensa que es mucho más probable que surja un malentendido cuando cuentas algo intrascendente que cuando no lo cuentas.

Solo si amplías tu perspectiva, podrás romper con las ideas tóxicas y sustituirlas por otras más sanas:

IDEAS TÓXICAS	IDEAS SANAS
Solo actúa así porque está pasando por un mal momento.	Si sus actos no demuestran que me quiere, no debo justificarlo.
Debo de estar haciendo algo mal y por eso la relación no funciona.	Todos hacemos cosas bien y mal. La relación es responsabilidad de los dos.
Me quiere, pero no sabe demostrarlo.	Si le importo, debería demostrarlo. Si no, es como si ese sentimiento no existiera.
Tiene mucho estrés y eso afecta a la relación.	El estrés no impide demostrar amor.
Otras parejas están peor.	Lo de los demás no me incumbe. Tengo que proteger mis necesidades.
Si lo hemos dejado y no está con nadie es porque aún me quiere. Volveremos.	Nuestra relación se ha acabado y no me tiene que afectar lo que hace.
Aún hacemos cosas juntos, nos gusta compartir actividades.	Mantener el contacto ahora no es la solución, para eso tengo amigos.
Podemos seguir siendo amigos.	Tengo que poner distancia para curar las heridas emocionales.
Está confuso y necesita aclararse. Le daré el tiempo que necesite.	Si necesita tiempo es que no quiere estar conmigo. Prefiero dejarlo.
He de ser comprensivo con sus dudas.	La duda es una excusa para no avanzar.
Él decide cuando nos vemos, y yo me adapto.	Los momentos de vernos han de ser espontáneos, pero consensuados.
Necesito su consentimiento para hacer planes.	Soy libre para tener relaciones sociales y familiares, no tengo que pedir permiso.

Y recuerda que:

- Es importante dejar la idealización, el engaño, la dependencia, el victimismo y la falta de libertad a un lado. Para avanzar, necesitas ser realista y dejarte crecer, ser libre, confiar en los demás, disfrutar y crear tus propias ideas y pensamientos sobre las relaciones sanas, sin presiones sociales ni familiares.
- Tener deseos, inquietudes y sueños que no tienen que ver con tu pareja te permitirá desarrollar tu ambición y te hará progresar. Saber estar solo, sin que tu felicidad dependa de nadie, y comprender que el bienestar lo construyes internamente hará que desarrolles tu autonomía y tu seguridad.
- Aprender a mantener relaciones equilibradas en las que todo el mundo gana y donde prima la libertad te hará tener más autoestima. Vencer el miedo a cambiar y a tomar decisiones fomentará tu energía e ilusión.

Cuando cuestionas las creencias impuestas que has heredado y que hasta el momento no te han funcionado, demuestras inteligencia y visión de futuro por tu parte. Y esa inteligencia no depende del coeficiente intelectual ni de la formación.

 Se trata de desarrollar la inteligencia emocional: la capacidad de conocerse a uno mismo y conocer a los demás para desarrollar mejores relaciones y gestionar mejor todo lo relacionado con el mundo emocional.

Aprender a conocer y manejar tus propios sentimientos influirá en el desarrollo de tu confianza y tu energía positiva, te ayudará a construir relaciones sanas en el futuro y a reforzar tus relaciones actuales y, sobre todo, te alejará de la ansiedad, porque ni estarás anclado al pasado ni estarás pendiente siempre del futuro. Este proceso de maduración emocional sirve de antídoto contra el estrés.

> CONSEJO
>
> Durante esta etapa de **sanación**, aprenderás a no dar nada por supuesto, a preguntar cuando tienes dudas y a expresar tus inquietudes y tus preocupaciones. Para ello, haz que las relaciones cara a cara primen sobre las basadas en la tecnología. Cuando compartes tiempo con otra gente y hablas en persona con ellos sobre lo que te ocurre, entrenas tus habilidades sociales. Ninguna pantalla puede sustituir la escucha y el diálogo.

También aprenderás a vivir el momento. Hoy mucha gente cree que vivir en el presente es contrario a tener aspiraciones futuras. Nada más lejos de la realidad. Dedicar parte de tu energía a mirar al futuro te permite mejorar, porque te enfocas en lograr tus objetivos, y eso está bien. Lo que es contraproducente es dejar que tu felicidad dependa del futuro, que condicione tu día a día y que pienses que solo serás feliz cuando seas de una determinada manera o cuando consigas una determinada cosa.

> CONSEJO
>
> Vale la pena pararse y esforzarse por disfrutar el aquí y el ahora. Para lograrlo, huye de las prisas y de querer estar siempre ocupado, porque en esos momentos es cuando pones el piloto automático y te olvidas de estar presente.

Las relaciones familiares y sociales como fuente de estrés

Miguel tiene 16 años, está en plena adolescencia y es bastante introvertido. Aun así, tras unas pocas sesiones de terapia, acaba confesando que se siente bastante agobiado. Afirma que sus amigos son muy importantes para él, pero que son muy diferentes y que a veces seguir su ritmo de vida lo estresa. Aunque tiene vida social, Miguel dice que algunos días prefiere quedarse en casa viendo una serie o jugando a un videojuego antes que salir con sus amigos, pero que ni su círculo ni sus padres lo entienden cuando lo hace.

Del mismo modo que el círculo social más íntimo, es decir, la familia y los amigos, puede ser una fuente de bienestar y energía, también puede ser origen de conflictos y estrés.

En la familia, donde priman unos **roles** muy rígidos, el conflicto viene, en muchas ocasiones, de la imposibilidad de cumplir con ciertas **normas** y conductas impuestas desde la niñez, difíciles de mantener cuando los componentes de la familia crecen y se transforman. Por supuesto, cambiar y madurar es una parte natural de la vida, pero tu familia no siempre lo entenderá a la primera de cambio.

La microestructura familiar está formada por unos roles
y unas relaciones de poder que cuesta mucho romper.
Cuando intentas cambiar estos roles es precisamente
cuando surgen los problemas.

Y es que la estructura familiar tiene tanto poder y tanta fuerza
sobre la vida de sus miembros que, cuando uno se sale de lo es-
tablecido, al resto le parece impensable no estar de acuerdo con
las normas familiares.

Hacerlo puede llevarte a un conflicto incluso contigo mismo,
porque transgredir lo que te han inculcado desde pequeño es
muy difícil. Implica desmitificar a los padres, su educación y los
valores que nos han transmitido. No obstante, cuestionar lo impuesto es signo de madurez y es un buen primer paso para alcanzar el bienestar mental.

Por el contrario, seguir costumbres como no saber decir que
no, querer complacer a toda costa a la familia o poner la estabilidad familiar por delante de tu propia salud hacen fácil cultivar algún trastorno psicológico. Además, cuesta salir de esos patrones
de conducta cuando son lo que te han enseñado desde pequeño. Sobre todo si en tu familia ha existido siempre un alto grado
de **exigencia** que se traducía en ser el mejor en los estudios y, en
definitiva, en ser el hijo perfecto.

Esa idea de que no está permitido fallar es muy poco saludable, aunque hay que aclarar que los padres no la imponen con la
intención de hacer daño. Al contrario, lo hacen para ayudar. De ahí
que sea tan difícil contradecirlos.

Pero, como adulto, ahora eres tú quien debe mirar por tu
propio bienestar, y eso pasa por romper con las creencias
y los valores que no se adaptan a tu forma de pensar.

Mucha gente cree que la huida es la forma más fácil de revertir el efecto de vivir en un entorno familiar estresante. Aunque es cierto que la convivencia suele intensificar los problemas familiares, no basta con poner distancia para solucionarlos. Sí, la distancia es, en efecto, un primer paso muy sensato, pero a partir de ahí tienes que reconstruir la relación con esos familiares que tienden a mostrar una actitud rígida o dominante hacia todo lo que no se hace como ellos dicen.

En un primer momento, podrías pensar que solucionar los problemas intrínsecos a las relaciones familiares es similar a lo que hemos puesto en práctica con la pareja. Sin embargo, con la familia existen ciertos factores que agravan la situación:

- Una relación personal muy intensa que ha servido como base para la construcción de tu personalidad y para el desarrollo de otras relaciones sociales.
- Un vínculo emocional fuerte que aumenta el miedo a hacer daño a tus seres queridos.
- El miedo a ser rechazado por alguno de los pilares más importantes de tu vida.
- El miedo a defraudar a aquellos que te han educado y que te han inculcado esos valores de perfeccionismo.
- La angustia producida ante la posibilidad de perder el apoyo de padres y hermanos.

La lucha interna entre lo que «deberías» hacer y lo que quieres hacer se vuelve aún más complicada cuando se trata del núcleo familiar, porque entran en juego esos valores universales de que la familia es indestructible y debe estar unida para siempre, venga lo que venga. Es un lema bonito, pero no deja de ser un ideal muy difícil de cumplir. Lo mejor que puedes hacer es analizar cuál es tu realidad familiar y ajustar tus expectativas para que se adapten a dicha realidad.

Es similar a lo que ocurre con las relaciones de pareja: en la sociedad, prima la idea de la pareja perfecta, pero las relaciones reales rara vez están exentas de problemas y toca bajar las expectativas. La principal diferencia es que cuando la relación con la pareja no funciona puedes encontrar a otra, pero la familia no puede sustituirse.

> Quizás el miedo a romper la relación con la única familia que tienes te impida buscar soluciones.

Es algo que pasa a menudo y que, de hecho, se ve mucho en terapia, donde es normal escuchar afirmaciones como «mis padres eran muy exigentes» o «me hubiese gustado que estuviesen más presentes durante mi infancia», es decir, frases que expresan un malestar que tuvo su origen en la infancia y que muchos adultos arrastran durante toda su vida.

EJEMPLO

Ese miedo a quedarse sin el apoyo familiar hace que los problemas vayan acompañados de:

- **Culpa**: «estoy haciendo algo mal, y por eso están descontentos conmigo».
- **Rabia**: «no sé por qué no me entienden, siento que no se molestan en escucharme».
- **Tristeza**: «no me siento tan querido como me gustaría».

> - **Enfado:** «estoy harto de que cualquier cosa sea motivo de discusión».
> - **Huida**: «prefiero estar lejos y chocar menos con ellos antes que quedarme y perder la relación».

Aunque no es fácil hacer frente a los problemas familiares, siempre viene bien poner cierta distancia y probar a ver la situación familiar como un observador externo, con la intención de analizar lo que sucede en la familia de manera objetiva y así poder tomar una decisión al respecto.

Como con cualquier problema, tienes que empezar por conocer cuál es el origen del malestar, qué sentimientos te dominan en ese momento y qué resultado tiene esa situación en ti. La próxima vez que te sientas incómodo en compañía de tu familia pregúntate:

- ¿Qué me hace sentir bien?
- ¿Hasta qué punto me importa lo que piensan de mí mis padres?
- ¿Prefiero complacerlos en todo o me sentiría mejor al expresar lo que quiero libremente?

¿Y por qué estas preguntas?

Porque, para gestionar los problemas lo mejor que puedes hacer es entrenar tu madurez emocional.

Y ser emocionalmente maduro implica saber lo que no quieres en la vida, ser consciente de lo que quieres y saber cuál es el precio por conseguir aquello que quieres. Una vez que tengas claro qué es lo que quieres, toca luchar por ello.

CONSEJO

Algunas actitudes que pueden ayudarte a modificar tus relaciones familiares son:

- **Dejar claro lo que esperas de los demás**: ya hemos hablado de los peligros de no comunicar al resto lo que esperas de ellos y pretender que lo adivinen. Cuando no hay una buena comunicación es cuando llegan los malentendidos y las frustraciones, por lo que lo mejor que puedes hacer es dejar claro lo que tú esperas del resto y lo que ellos pueden esperar de ti. Algo tan sencillo como esto reduce notablemente los conflictos y los reproches, porque permite a los distintos miembros de la familia dejar de hacerse ilusiones acerca de cosas que quizás nunca pasen.
- **Ser equitativo**: cuando cada uno tiene claro lo que quiere, y también lo que quieren los demás, es fácil detectar si las relaciones son equilibradas o no. Cuando hablamos de equilibrio, no nos referimos a calcular lo que se da y lo que se recibe de forma matemática. Se trata de ser consciente, por ejemplo, de si eres capaz de ofrecerte a hacer algo sin esperar nada a cambio y si el resto es capaz de hacerlo también; se trata de saber cuáles son los costes y los beneficios de una relación y qué aspecto

pesa más, para así decidir si merece la pena invertir en ella o si, por el contrario, es mejor que te esfuerces menos, pues no te compensa lo suficiente emocionalmente.

 Si quieres reconocer si tus relaciones familiares están equilibradas o no, puedes analizar tus sensaciones después de un encuentro o una conversación con tu padre, tu madre o tus hermanos: si te sientes sin energía o muy bajo de ánimos, lo más seguro es que esa relación no te aporte lo suficiente.

Llegado a este punto, lo mejor que puedes hacer es coger fuerza, verbalizar que tienes la intención de cambiar y coger impulso para romper lo que te mantiene atado. Es posible que la primera reacción de tus familiares sea de **reproche** o de **incomprensión**, pero eso no quiere decir que esté mal. A veces, eso es solo una señal de que tu decisión no concuerda con esos valores rígidos que reinan en tu familia y de los que tú quieres escapar.

Esta regla del equilibrio también puede aplicarse a las relaciones amorosas o a los amigos. Si sientes que una relación ya no funciona, o notas que estás siempre a expensas de tus amigos, esperando migajas de su tiempo o anticipándote a reacciones impredecibles, está claro que no existe una relación entre iguales.

No tengas miedo a reajustar la frecuencia con la que ves a estas personas: más vale dosificar los encuentros y mantener las ganas estables que verse demasiado y sentir que inviertes tiempo y esfuerzo en una relación que no te aporta tanto.

Cuando te enfrentas a relaciones donde existe una desigualdad tangible, es común que sientas que no tienes ningún control sobre la relación. Estás siempre a expensas de la otra persona y sus reacciones y decisiones suelen pillarte de improviso.

Si dependes siempre de lo que hace el otro, de cómo reacciona o de qué va a ser lo próximo que diga, te obligas a vivir en tensión constante. En esa situación, es muy difícil que puedas vivir de forma libre, porque tienes un rol pasivo, de profunda impotencia, frente al rol activo de la otra persona, que mantiene el control.

En este tipo de relaciones se suele pasar por diferentes fases:

1. **Bloqueo**: aunque los sentimientos son incómodos, la relación ni avanza ni retrocede, porque la comunicación en este punto es casi inexistente. El origen de los problemas es tan lejano que cuesta distinguirlo y puede que no sepas hacia dónde ir. Como no tienes clara la causa del problema, es probable que optes por adoptar un rol sumiso o por aislarte de la influencia de la otra persona.

2. **Tensión**: tras una situación que ha encendido las emociones, aparecen los reproches y los intercambios verbales violentos. El rencor, así como otras sensaciones negativas, están a flor de piel.

3. **Falsa evolución**: una parte o las dos quieren arreglar sus diferencias, pero por los motivos equivocados. Quizás es porque quieren poner un parche que les permita olvidarse del conflicto durante un tiempo, o quizás porque se acerca algún evento y quieren dar una imagen de perfección. En cualquier caso, no se tiene en cuenta la complejidad del

problema y se crea un arreglo puntual que no va directo a la raíz del malentendido.

4. **Evolución sana**: es el momento donde las relaciones se empiezan a reconstruir, se redefinen los roles y las pautas de comunicación cambian. Es, por así decirlo, el momento de empezar de cero con la relación.

Este último punto es el destino ideal al que deberían llegar todas las relaciones desequilibradas. Sin embargo, a veces las partes de un conflicto adoptan determinados papeles que complican el proceso de encontrar una solución:

- **La víctima**: dramatiza las situaciones y se queja constantemente. Es el tipo de persona que necesita contar sus penas, casi siempre de manera exagerada, para controlar al otro. Necesita sentirse complacida a nivel emocional y por eso intenta que la otra persona desarrolle dependencia de ella.
- **El manipulador**: busca atención y todos sus actos están encaminados a que el resto esté pendiente de él.
- **El protector**: detrás de este rol, se esconde una persona con un deseo de control patológico hacia los demás que a menudo se muestra como alguien servicial. Siempre está dispuesta a ofrecer ayuda, pero lo hace para que la otra persona sienta que le debe algo.

¿Reconoces estos patrones en ti mismo? Para poder alejarte de estos roles tan poco saludables para ti y para los demás, debes poner en marcha tu diálogo interno y responder a una serie de preguntas que difieren en función del papel que hayas adoptado:

- Preguntas que puedes hacerte si has adoptado el papel de **víctima**:
  - ¿Qué pretendo conseguir relacionándome así?
  - ¿Puedo pedir ayuda de otra manera?
  - ¿Soy capaz de reconocer las cosas que los demás hacen por mí?
- Preguntas que puedes hacerte si has adoptado el papel de **manipulador**:
  - ¿Las cosas que hago aportan algo positivo a los que me rodean?
  - ¿Qué consigo a cambio de manipular al resto? ¿Merece la pena?
  - ¿Podría conseguir lo que quiero de manera más ética?
- Preguntas que puedes hacerte si has adoptado el papel de **protector**:
  - ¿He recibido una demanda concreta de ayuda o he actuado sin que nadie me lo pida?
  - Cuando me piden ayuda, ¿puedo aportar lo que me piden?
  - ¿Tengo claros cuáles son mis motivos para actuar así?

Esta última pregunta es de vital importancia, ya que estos roles suelen aparecer en personas inseguras

> y con baja autoestima que han vivido sometidas a patrones de conducta muy rígidos y que, como consecuencia, tienden o bien a desarrollar conductas dominantes, o bien a cerrarse en sí mismas y poner en marcha conductas evasivas.

El origen de este tipo de comportamientos está en:

- Las experiencias vividas con su núcleo más cercano. Si las relaciones familiares han estado dominadas por la culpa, las críticas, el control o la sobreprotección, estos sentimientos marcarán también las relaciones que se desarrollen más adelante.
- La manera en la que la persona ha interiorizado los valores y las normas impuestas por este núcleo cercano. Mientras que algunas personas se rebelan y actúan contra el control que les impone su familia o amigos, otras interiorizan que esos valores son los únicos válidos y continúan aplicándolos en su día a día. En estos casos suele haber tres patrones de conducta alternativos:

EJEMPLO

1. Esa persona se comporta igual que la figura de referencia que ha tenido, normalmente un padre o una madre. Se identifica con ese rol y, por lo tanto, imita los comportamientos que la ha limitado siempre. Puede pensar: «como mi padre solía culparnos de todo, yo he aprendido a ser muy crítica con aquellos que me rodean».

2. Esa persona sigue adoptando el mismo rol que adoptaba en la relación con su modelo de conducta: «como mi padre me criticaba siempre, y yo tenía que callar, ahora me callo cada vez que alguien me critica».

3. Esa persona se trata del mismo modo en que la solía tratar su modelo de conducta: «como mi padre me criticaba siempre, soy muy crítica conmigo misma y a menudo me siento culpable».

Estos patrones de conducta dan lugar a muchos comportamientos que quizás actives de manera instintiva y que, sin darte cuenta, son el origen de los problemas que tienen lugar en tus relaciones actuales.

Cuando notes que pones en marcha estos roles de comportamiento, analiza si aparecen algunas de las siguientes creencias. Si las detectas, intenta darles la vuelta:

CREENCIAS TÓXICAS	CREENCIAS SANAS
Los demás son mejores que yo y no puedo hacer nada sin ellos.	Si ellos saben más que yo, pueden enseñarme a actuar de manera autónoma.
Soy el único que sabe hacer esto bien.	Yo tengo algunos conocimientos que el resto no tiene y viceversa. Será mejor que compartamos nuestros conocimientos.
Yo tengo razón y el otro me necesita para hacer las cosas bien.	Los demás son tan válidos como yo.

Las relaciones que marcaron tu infancia y tu adolescencia tienen mucho peso y es difícil librarse de sus consecuencias. Pero, si no haces nada por arreglarlo, entonces lo más probable es que el rencor, el victimismo, el control excesivo, la culpa, el dramatismo y la falta de comunicación dominen todas tus relaciones en general, y tus relaciones familiares en particular, pues de ellas surgen precisamente estos comportamientos.

La intensidad de las emociones que producen las relaciones familiares demuestra que hay muchos sentimientos contradictorios y de mucha fuerza, pero mal canalizados. Si crees que este es tu caso, lo más probable es que algunos capítulos vitales de tu pasado sigan abiertos en la actualidad, alimentando heridas que no permiten entender la relación de una manera más sana.

CONSEJO Algunas acciones que te pueden ayudar a vivir mejor las relaciones tóxicas en la familia nuclear son:

- Aclarar malentendidos, sean del presente o del pasado, para dejar de lado las rencillas que envenenan esas relaciones y avanzar.
- Comunicarse siempre de forma clara y sin segundas intenciones.
- Corregir ideas distorsionadas sobre el otro y adaptar tus expectativas a lo que está dispuesto a dar.
- Dejar claros tus deseos y necesidades y procurar tener claros también los deseos y necesidades de los demás para así entender el origen de los enfados, la frustración y otras reacciones negativas, y poder gestionarlas.

Si sientes que nada de esto es suficiente, entonces no tengas miedo de imponer cierta distancia emocional que te permita tomar aire y poder volver con un sentimiento de pertenencia mucho más agradable.

Es normal que tomar esta decisión te dé miedo, porque implica hacer frente a una situación incómoda, pero ten en cuenta que haciéndolo estarás realizando una inversión emocional con la que cuidar una relación que te importa y que te gustaría que fuera lo más sana posible.

¿Quién dijo ansiedad?

Construir una vida a prueba de ansiedad

La medicación no debería ser la primera opción

Durante la primera sesión, Claudia escucha atentamente las explicaciones sobre los entresijos de la terapia. Parece interesada, pero no tarda en hacer una pregunta que cada vez se oye más en consulta: «¿y eso que me pasa no puede tratarse con una pastilla?».

La respuesta siempre es la misma: no.

En primer lugar, un psicólogo no es un médico y, por lo tanto, no puede recetar medicinas. Esa es la tarea del psiquiatra. Y, en segundo lugar, las pastillas tienen un tratamiento muy concreto en relación con la salud mental: deberían recetarse de manera puntual y solo para tratar los casos más graves.

> El fin de la psicología es dotar a quien acude a terapia de herramientas para gestionar los problemas y confeccionar un estilo de vida con el que pueda evitar tomar cualquier tipo de medicina para la salud mental.

Si vas o si estás dispuesto a ir al psicólogo para cuidar tu salud mental, debes entender que cuidar la mente y cuidar el cuerpo son procesos más parecidos de lo que podría parecer en un primer momento.

EJEMPLO

Es similar a bajar de peso. Someterte a una cirugía o utilizar un balón gástrico pueden parecer los métodos más rápidos y, por lo tanto, más atractivos. Pero, además de estar indicados solo para los casos más extremos, si esa pérdida de peso no se complementa con ejercicio y una dieta sana, entonces los procedimientos no serán más que un parche.

Pues eso mismo ocurre con la salud mental. Solo si te esfuerzas en revisar tus patrones mentales, relacionales y profesionales, podrás detectar qué puntos críticos debes erradicar, qué actitudes potenciar y qué mecanismos incorporar para poder gestionar el día a día de manera sana.

> Ir a terapia no solo es más efectivo que los psicofármacos en la mayoría de los casos, sino que además tiene muchos menos efectos adversos.

Se trata de medicamentos que afectan directamente al sistema nervioso y que pueden tener importantes efectos secundarios, como somnolencia, temblores o dificultades para ver con claridad.

Lamentablemente, en España el uso de los psicofármacos está disparado. Es el país del mundo en el que más benzodiacepinas se consumen, un fármaco que debería usarse para tratar los cuadros de ansiedad más graves, pero su demanda crece cada vez más para combatir problemas como el insomnio o el nerviosismo. Quienes lo usan lo hacen porque, a corto plazo, tiene un potente efecto tranquilizante. A largo plazo, sin embargo, está estrechamente relacionado con el desarrollo de demencia senil, según señala un estudio realizado por investigadores de la Universidad de Burdeos Segalen.

Existe otra cuestión que, unida a la tendencia imperante de medicarse para todo, agrava aún más este problema. Se trata del **autodiagnóstico** de trastornos mentales, del que ya hemos hablado anteriormente. ¿Y por qué es un problema? Porque, cuando estás convencido de que padeces una determinada enfermedad, es muy fácil advertir que cumples todos los síntomas, por el simple hecho de que nuestro cerebro percibe aquello que está dispuesto a ver.

EJEMPLO

Así, si eres tímido y notas que la timidez llega hasta el extremo de entorpecer tu vida, quizás empieces a pensar que te ocurre algo más grave. Imagínate que en ese momento realizas una búsqueda en internet y encuentras que existe un trastorno de ansiedad social que coincide, más o menos, con lo que te pasa. El problema aquí es que te has sugestionado a ti mismo para creer que tienes un trastorno que debería diagnosticarte un profesional. Más cuestionable aún sería que empezases a tomar ansiolíticos para tratar un trastorno que, en realidad, no es tal.

Este ejemplo, que puede parecer extremo, es la realidad de mucha gente que se medica de forma innecesaria, bien por un error de diagnóstico, bien porque continúan tomando medicamentos que necesitaban en su día y que ahora ya no necesitan.

Está claro que sí hay personas que sufren trastornos graves y que requieren tomar medicamentos para modificar la manera en la que se comporta su sistema nervioso. Pero también hay gente que, por desconocimiento, banaliza problemas serios y confunde la tristeza con la depresión y los nervios con la ansiedad.

Incluso cuando existe un problema real, medicarse nunca debería ser la primera opción. El primer paso debería ser la terapia psicológica. En caso de que esto no funcione, entonces puede que haya que probar con fármacos. Sin embargo, combinar estos fármacos con psicoterapia suele ser más efectivo en la mayoría de los casos, pues, como ya hemos explicado, esta ofrece cambios más duraderos.

Además, debes tener en cuenta que los procesos emocionales suelen ser acumulativos. Es decir, aunque haya un evento desencadenante, un trastorno mental no aparece de un día para otro. Por lo tanto, para atacar la raíz del problema, debemos analizar factores como tu vida personal, familiar, los valores en los que te han educado, tus experiencias laborales. Para revisar todo esto, tienes que cuestionar tu forma de ver la vida, tus ideas y tus principios, y plantearte otros más flexibles. Como comprenderás, el camino hasta el bienestar es largo, pero ya sabes lo que dicen: Roma no se construyó en un día.

A cambio del tiempo invertido en terapia, aprenderás buenos hábitos y podrás desarrollar recursos y habilidades con los que hacer frente a tus problemas presentes y futuros.

De hecho, hay otras muchas actividades que pueden mejorar la salud mental de forma natural. Es el caso, por ejemplo, del deporte, que ayuda a estar de buen humor, a descansar mejor, a disminuir el estrés e incluso a controlar la ansiedad. De hecho, los efectos de practicar deporte son bastantes similares a los del *mindfulness*. Esto se debe a que, cuando haces ejercicio, diriges toda tu atención hacia el cuerpo. Y, por lo tanto, tu mente está puesta en el presente, en el aquí y el ahora, y se olvida de las preocupaciones.

Sea lo que sea lo que te preocupa, debes ser consciente de que casi siempre habrá una opción mejor que los antidepresivos, los ansiolíticos o cualquier otro tipo de pastilla.

> Solo debes recurrir a los psicofármacos bajo prescripción médica, en situaciones especialmente graves y de manera temporal.

Y es importante remarcar que debe ser solo de manera temporal. De no ser así, podrías desarrollar una dependencia cada vez mayor. Ten en cuenta que los fármacos afectan a la química del cerebro; si te excedes en su consumo, pueden convertirse en una droga muy difícil de dejar, sobre todo si ya has perdido de vista el motivo por el que empezaste a tomarlos. Si continúas tomándolos una vez pasado el tiempo indicado, puede que empieces a sentirte aislado, como en una burbuja que ni el sufrimiento ni la felicidad pueden atravesar. Esto se debe a que, en un cerebro sano, los psicofármacos actúan de forma similar al alcohol o la marihuana: alteran la personalidad de los pacientes y les impiden llevar una vida normal y hacer frente a los problemas de una manera real. De hecho, es común escuchar a pacientes que toman estos fármacos decir cosas como:

- Estoy como sedado, no me afecta nada de lo que me pasa ni de lo que les pasa a los demás.

- Me siento indiferente ante todo.
- Me cuesta concentrarme.
- Soy incapaz de mantener activa mi vida profesional.

Además, un problema muy común es que la gente habla con mucha frivolidad de los fármacos que toma y se los recomienda a sus amigos cuando tienen dificultad para dormir o cuando están nerviosos por algo que va a pasar. Por este motivo, la gente cree que tomarse una pastilla para calmar la ansiedad es tan normal como una aspirina para el dolor de cabeza, y llegan a terapia buscando ahogar sus problemas con una pastilla y un vaso de agua.

Lo ideal sería enseñar a las personas a tolerar mejor la ansiedad, puesto que la mayoría de las veces no es un trastorno crónico, sino una sensación puntual provocada por un acontecimiento concreto. En esos casos, es mucho más adecuado hacerle frente mediante la terapia que mediante el uso de fármacos.

También el uso de **somníferos** está extendido en exceso, y no precisamente porque esté exento de peligros. De hecho, está demostrado que pierden eficacia cuando se toman durante periodos de tiempo demasiado largos y, además, pueden afectar a la memoria, tal y como afirma el *Tratado de psiquiatría clínica* del Hospital General de Massachusetts. En la medicina general, etiquetar a los pacientes que presentan problemas similares puede facilitar la comunicación, el diagnóstico y lograr, por lo tanto, más agilidad a la hora de curar y prevenir. La diferencia con las enfermedades mentales es que es más difícil definir qué significa estar mal y, si vemos a una persona con señales parecidas, rápidamente le ponemos una **etiqueta** que a veces perjudica más que ayuda.

Cuando algún paciente llega a terapia afirmando que tiene un determinado trastorno, es un deber profesional preguntar cuál es el origen de ese diagnóstico: ¿se lo ha dicho un médico? ¿Es lo que opina su familia? ¿Es su propia opinión?

En la mayoría de los casos, son los pacientes quienes están seguros de que tienen ansiedad, depresión u otro tipo de problema. Teniendo en cuenta que no suelen tener los conocimientos ni la formación necesaria para realizar un diagnóstico certero, la mayoría de las veces se equivocan.

> Si estás seguro de que tienes un problema
> de salud mental, pero nadie te lo ha diagnosticado
> aún, lo mejor que puedes hacer es quitarte
> esa etiqueta cuanto antes.

No darías a un amigo consejos sobre cómo arreglar su coche si no tienes conocimientos de mecánica, ¿verdad? Entonces, utiliza la misma lógica respecto a la salud mental: nunca etiquetes de manera injustificada el estado de salud de una persona, ni siquiera el tuyo, porque corres el riesgo de que ese diagnóstico se convierta en una profecía autocumplida.

EJEMPLO

Los sociólogos William I. Thomas y Dorothy Swaine Thomas descubrieron el fenómeno de la **profecía autocumplida**, que plasmaron en su teorema de Thomas. El teorema apareció formulado en 1928, en el libro *The child in America: Behavior problems and programs*, y dice lo siguiente:

«Si las personas definen las situaciones como reales, estas son reales en sus consecuencias». Es decir, que, cuando una persona se anticipa a un suceso, su interpretación de ese suceso puede provocar que acabe pasando.

Los artífices de este teorema incluyeron un ejemplo real para ilustrarlo:

«El director de la prisión de Dannemora se negó hace poco a acatar la orden de un tribunal que le exigió sacar a un convicto de la prisión por una causa justificada. Se negó porque alegaba que era demasiado peligroso. Este hombre había asesinado a varias personas con las que se había cruzado por la calle, que tenían el desafortunado hábito de hablar para sí mismas. El preso, al ver el movimiento de sus labios, imaginó que le estaban insultando y actuó como si aquello fuese verdad».

El fenómeno de la profecía autocumplida funciona de la siguiente manera: en primer lugar, percibes estímulos externos que te hacen cavilar sobre lo que va a suceder a partir de ese acontecimiento. Después, esas expectativas te hacen reaccionar de manera acorde a ellas: tus acciones, tus pensamientos y tus sentimientos se ven influidos por lo que intuyes que va a pasar y, de esta manera, contribuyes a que realmente pase.

Por ejemplo, si tras una fuerte discusión con tu pareja empiezas a pensar que te va a dejar, quizás reacciones alejándote y poniendo una barrera emocional entre los dos para amortiguar el daño. Y puede que, finalmente, sea esa distancia la que acabe convenciendo a tu pareja de que las cosas ya no son como eran y que, por lo tanto, es mejor romper.

Que este fenómeno exista no quiere decir que todos los síntomas que percibes sean irreales. Lo que ocurre es que la existencia de esos síntomas no implica que exista un trastorno. Pero, si te convences de que existe ese trastorno, quizás construyas tu vida de acuerdo a tu percepción de lo que es una persona con depresión o con ansiedad y, como consecuencia, acabes desarrollando un problema mucho mayor que el que tenías en un primer momento.

EJEMPLO

Robert K. Merton publicó *The self-fulfilling prophecy,* o *La profecía autocumplida,* en una revista llamada *The Antioch Review.* En este artículo, profundizó en el teorema de Thomas e incluyó algún que otro ejemplo. En uno de esos ejemplos, cuenta lo sucedido con el Last National Bank, una institución que iba viento en popa hasta que un miércoles su director advirtió que había demasiado ajetreo en las oficinas. El bullicio se había extendido desde los clientes hasta los propios trabajadores y se debía a un rumor que corría acerca de la insolvencia del banco. El rumor, en aquel momento, no era cierto, pero las largas colas de clientes que corrían a retirar su dinero hicieron que aquel miércoles aciago fuese el último para el banco.

Si te convences de que padeces un trastorno, tal vez acabes necesitando medicarte. Y los psicofármacos, como hemos avanzado, pueden llegar a crear **dependencia**. De hecho, cualquier sustancia que afecta a la química del cerebro puede causar adicción y producir problemas de **abstinencia** cuando llega el momento de retirar el tratamiento.

La dependencia no siempre aparece de forma inmediata. En algunos casos, aparece hasta seis semanas después del cese del consumo del medicamento y dura años. Las personas que sufren el síndrome de abstinencia por un psicofármaco se sienten, por lo general, irritables, decaídas y nerviosas.

Entonces, ¿por qué es tan común recetar y consumir psicofármacos, a pesar de los posibles efectos secundarios que presentan? La respuesta es: porque es rápido. O, al menos, porque se tiene la creencia de que es rápido. Cuando una persona que pasa por una mala racha emocional se pregunta si ir al médico o acudir al psicólogo, suele poner en una balanza cada una de las opciones.

En muchas ocasiones, la terapia psicológica pierde la batalla por una sencilla razón: el tiempo. La medicación ofrece una solución relativamente inmediata. Vas al médico, le cuentas tu situación y, si percibe que hay algo en tu mente que no funciona como debería, te receta un fármaco que puedes empezar a tomar de manera inmediata, día tras día. La terapia psicológica, por el contrario, implica un compromiso a largo plazo y, a menudo, un esfuerzo económico importante. Requiere concertar una cita semanal o quincenal y acudir a consulta durante meses para realizar un trabajo a medio y largo plazo.

> No dejes que la cultura de la inmediatez tome el control de tu camino hacia el bienestar emocional.

Es una situación que se ve a menudo en terapia. De hecho, algunas personas recurren a la consulta del psicólogo solo porque el uso de psicofármacos no ha funcionado con la rapidez que esperaban. El problema es que creen que conseguir una salud mental sólida es cosa de unos días, no por frivolidad, sino porque la sociedad las ha acostumbrado a que todo tiene que ser inmediato.

No se puede acudir a psicoterapia o al médico buscando olvidar los problemas. La clave es, precisamente, tenerlos presentes sin que supongan una catástrofe, para así poder gestionarlos de manera consciente. Un psicólogo no es capaz de hacer magia para infundir tranquilidad y buenos hábitos en sus clientes de manera inmediata, pero te aseguro que merece la pena confiar en el proceso.

Al fin y al cabo, el cerebro necesita un tiempo para procesar los cambios. Es cierto que es un órgano muy flexible que está siempre en un aprendizaje continuo, pero el aprender a gestionar las propias emociones, como cualquier otro aprendizaje, requiere de tiempo y práctica.

Eso sí, que requiera tiempo no significa que la terapia sea una pérdida de tiempo. Es una inversión: si le das tu tiempo a un psicólogo, él te enseñará a estar a gusto en tu propia piel, a quererte y a cuidarte. Y te aseguro que nadie se arrepiente de invertir en su propio bienestar.

¿Por qué es tan importante ir a terapia?

Cuando llega a terapia, José tiene muchas dudas. Acude por insistencia de su pareja, que lleva un tiempo preocupada por el estado de sus nervios. Aunque al principio parece uno de esos pacientes que no regresa después de la primera sesión, José cumple con sus citas religiosamente. Varias sesiones más tarde, José comenta que ir al psicólogo le está ayudando a gestionar el agobio, aunque creía que no necesitaba terapia, porque se considera una persona normal.

Y es que, lamentablemente, aún existe el mito de que quienes acuden a terapia están «desequilibrados» o «locos».

En realidad, al psicólogo van personas que necesitan aprender a gestionar los problemas y entender cómo afectan a su salud emocional.

Quien nunca se haya sentido superado por sus problemas que tire la primera piedra. Y, aun así, la palabra «**terapia**» sigue inspirando temor y respeto. Tanto que algunos de los que acuden al psicólogo optan por esconderlo, porque admitirlo les daría vergüenza.

Quizás alguna vez te hayas planteado pedir ayuda psicológica, pero, como José, pensaras que la terapia psicológica no está hecha para ti. Es una idea habitual, dentro de la variedad de opiniones que hay respecto a la terapia psicológica, pero no deja de ser una percepción que tal vez te esté impidiendo alcanzar un mayor grado de bienestar.

> Al fin y al cabo, la terapia es una vía para encontrar respuestas, para ver las cosas de otra manera y, sobre todo, para tener una visión objetiva de lo que te sucede.

Esto no se consigue con facilidad en el entorno familiar y personal, donde, a veces, no te sientes libre para hablar de todo sin miedos, sin juicios y sin tener que frenar el flujo de emociones.

En cada **sesión**, puedes expresarte en el aquí y el ahora: dar voz a las emociones que te pertenecen en ese preciso momento de manera espontánea, explorar el origen de dichas emociones y plantearte qué se puede hacer con cada una de ellas.

Algunas personas creen que lo que se hace en terapia es limpiar la mente de las emociones «negativas», como el enfado, la rabia o la tristeza. Eso no es más que una parte del proceso. Antes, tu psicólogo te ayudará a entender qué las causa y cuándo aparecen, y te enseñará a gestionarlas de manera alternativa, para que cada vez afloren con menos intensidad.

El proceso emocional en terapia consta de varias fases:

1. Reconocer e identificar las emociones.

2. Darles un significado a esas emociones que se repiten a menudo o que te afectan más que otras.

3. Asumir que, para conseguir un cambio, es necesario actuar. Aceptar, por lo tanto, que tienes responsabilidad sobre lo que te pasa y que eres capaz de moldear tus propios sentimientos.

4. Aprender técnicas y recopilar herramientas para que puedas ser más flexible ante la adversidad.

5. Alcanzar el grado de confianza necesario para expresarte de manera abierta y confiada.

A través de estas fases, podrás pasar de un **modelo de perfección**, muy habitual en personas propensas a la ansiedad, a un **modelo de afrontamiento**, que implica desarrollar una mentalidad más proactiva, más flexible y más abierta.

Cabe aclarar que dejar de aspirar a la perfección no significa abandonar las expectativas positivas. La terapia no pretende quitarte la ilusión y convencerte de que todo va a salir mal. Todo lo contrario. Al eliminar el perfeccionismo de la vida, lo que se busca es afrontar las cosas con ilusión, pero siempre desde el realismo, sin caer en el todo o nada.

Al fin y al cabo, el objetivo de la terapia es mejorar la vida de quienes acuden a ella en busca de ayuda.

La intención es que de la consulta del psicólogo salgas siendo más flexible y más tolerante contigo mismo y que, en todo momento, te sientas con capacidad para cambiar el rumbo de tu vida si es que no te gusta el actual.

El cambio se consigue cuando:

☐ Superas el sentimiento de estar constantemente desmoralizado y abatido, y empiezas a tener más esperanza y, por lo tanto, más energía. Si quieres conseguir las metas que te propones, es necesario que creas que es posible alcanzarlas. Debes considerar el problema al que te enfrentas, más que como una amenaza, como un desafío.

☐ Te haces a la idea de que eres capaz de lograr lo que te propones, porque la vida es una carrera de fondo donde cada error cuenta muy poco en el cómputo general. Es necesario que pases de pensar «quizás pueda hacerlo» a «sé que podré hacerlo, aunque lleve tiempo».

☐ Interiorizas que dispones de las herramientas necesarias para alcanzar tus metas y que, si no las tuvieses, podrías conseguirlas. No te olvides nunca del motivo que te ha llevado a actuar en primer lugar, porque eso te permitirá recordar que vale la pena esforzarse.

☐ Estás satisfecho de los pequeños logros, porque cada paso, por pequeño que sea, te acerca más a la meta.

☐ Dejas de evitar los problemas y las amenazas, porque la evitación solo es un parche temporal que, a la larga, se convierte en una fuente de ansiedad y estrés. El miedo a afrontar lo que te pasa puede llegar a hacer más daño que el problema en sí. Para superar la evitación, tienes que ver los contratiempos como algo manejable que eres capaz de gestionar. Por norma general, todo gran problema puede dividirse en otros más pequeños y más fáciles de controlar.

☐ Descubres que tienes ideas erróneas sobre ti mismo y sobre los demás que están basadas en creencias o miedos irracionales y que distorsionan tu forma de ver las cosas. Algunas de estas ideas son:

EJEMPLO

- No le gusto a nadie porque no tengo nada que ofrecerles.
- Me siento perdido en la vida y nunca voy a encontrar mi propio sitio.
- Tengo que ser perfecto en todo. Si no, habré fracasado.
- Siempre tengo que tener razón. Necesito ganar, porque la vida es una competición.
- Cualquier imprevisto puede dejarme fuera de juego, así que tengo que controlarlo todo siempre.
- No confío en nadie, así que tengo que estar siempre alerta por miedo a que me hagan algo.
- Sufro más que nadie.
- Comprometerse con algo significa limitarse, porque cambiar de opinión no es aceptable.
- Si las personas que me importan no están siempre de acuerdo conmigo, o disponibles para mí, es porque no me quieren.

Todos estos pensamientos, junto con otros muchos que te hacen pensar que algo no va bien, provienen de diferentes mecanismos que has ido poniendo en marcha a lo largo de los años y que has interiorizado hasta creer que son normales: preocuparse demasiado, exagerar los problemas, sacar conclusiones cuando apenas tienes información, generalizar a partir de una experiencia puntual, optar siempre por los pensamientos polarizados...

Si este tipo de ideas te asaltan de manera recurrente, la terapia te puede servir para:

- Analizar y modificar tus creencias, para así poder cambiar también la forma en la que te relacionas con los demás.
- Reflexionar, confrontar ideas y ver maneras diferentes de percibir e interpretar lo que te pasa.
- Analizar el propio comportamiento para ver si actúas según esos pensamientos que te atormentan.
- Aprender que:
  - Tener malas experiencias no es una excusa para dejar de disfrutar de las buenas.
  - La exigencia excesiva, ya sea hacia ti o hacia los demás, no aporta ningún beneficio.
  - No necesitas que los demás te apoyen constantemente. A veces, necesitas decisiones que te convencen únicamente a ti, porque tú sabes mejor que nadie qué es lo que te conviene. Tener en cuenta la opinión de los demás está bien, pero eso no significa que dejes que te condicione.
  - Es mejor hacer las cosas bien y con tiempo que con prisas constantes. Si te obsesiona la inmediatez, es posible que no disfrutes del aquí y el ahora.

- Alcanzar la perfección no es posible, por lo que perseguirla no supondrá nada bueno.
- Afrontar los problemas te traerá más beneficios que evitarlos.
- Tienes unos derechos que debes defender ante los demás, pero, a cambio, debes tratarlos con el respeto que merecen.
- Es posible aprender a ver y gestionar de manera diferente tus relaciones personales.

La terapia te ayuda a entender por qué actúas como lo haces. Y este es, precisamente, el primer paso para poder cambiar y empezar a actuar de forma diferente.

Si no adquieres esta conciencia, entonces la terapia no será útil, porque todo lo que pase en consulta te parecerá ajeno a ti y a tus problemas, y no se producirá ningún cambio. Sin embargo, en el momento en el que hagas **introspección** y entiendas que tú eres la persona encargada de marcar el rumbo de tu propia vida, la terapia empieza a tener sentido, porque entonces sabes lo que estás haciendo y por qué lo haces.

Escarbar en el pasado para descubrir el origen de tus comportamientos te ayuda a resolver los problemas del presente.

Además, el conocimiento da sensación de dominio y de seguridad, ya que te ofrece la oportunidad de decirte a ti mismo: «Ahora entiendo mejor cómo he llegado a ser la persona que soy y puedo elegir cambiar».

Ya hemos dicho que tomar conciencia solo es el primer paso. La terapia no termina ahí, cuando descubres cuáles son tus problemas y de dónde vienen. Aún queda mucho camino por recorrer. Tienes que ser consciente de que la psicología no es ninguna fórmula mágica. Su éxito depende de muchos otros factores, porque una **relación terapéutica** no deja de ser una relación entre dos personas, donde cada una tiene sus expectativas y sus objetivos.

En general, se crea una conexión más o menos exitosa en función de si como paciente percibes:

- Energía, fuerza, interés por comprenderte y ayudarte en lo que te pasa.
- Que puedes expresarte libremente, de manera relajada y sin ser juzgado.
- Que tu terapeuta es un igual que te respeta, te apoya y te escucha.
- Una actitud flexible, carente de altivez, donde no tienen cabida las relaciones de poder.
- Paciencia por parte del psicólogo.
- Que tu psicólogo está dispuesto a compartir contigo su saber profesional y técnica para que puedas ponerlos en práctica.
- Que es un profesional objetivo, con conocimientos y experiencia, pero que tiene también un lado humano, cercano y espontáneo.
- Que ir al psicólogo no tiene nada que ver con curarte, sino con aprender a gestionar el día a día de manera alternativa.
- Que hay una implicación correcta, equilibrada, ni excesiva ni escasa, sin sesgos, porque el psicólogo comprende que cualquier decisión o comentario inadecuado puede afectarte.
- Que no eres un paciente único, sino un individuo único en tu particularidad.

- Que el psicólogo está dispuesto a usar un lenguaje directo, simple y comprensible, nada agresivo.
- Que no ataca tu valía ni tu forma de ser en ningún momento, porque el psicólogo es respetuoso y empático.
- Que existe cierta conexión emocional.
- Que transmite credibilidad y confianza.
- Que te escucha.
- Que en consulta se sigue tu propio ritmo, tanto los días en los que tienes más energía como en los que tienes menos.
- Que puedes hablar libremente y sin ningún miedo.
- Que tu terapeuta no te desafía y tampoco te menosprecia.
- Que no se te dice lo que tienes que hacer de forma coercitiva.
- Que tienes voz y voto en las decisiones que se toman en consulta, porque eres responsable de tus propios actos.
- Que no estás solo, que tu terapeuta te acompaña en el camino hacia el bienestar.

El equilibrio entre la comodidad y la profesionalidad es un factor indispensable en **consulta**. De hecho, la profesionalidad no tiene por qué implicar seriedad y rigidez absolutas. Si el terapeuta es capaz de emplear el humor de vez en cuando, será más fácil romper la tensión que generan determinadas situaciones y tú, como paciente, podrás relativizar y tomarte un respiro. Por supuesto, no en todas las sesiones el humor tendrá cabida, pero usarlo puede ayudar a suavizar la carga emocional de algunos momentos.

Las ventajas de usar cierta dosis de humor en terapia son:

- Te distancia, aunque sea momentáneamente, del dolor y del sufrimiento.

- Te ayuda a aceptarte mejor, porque le quita gravedad a los problemas.
- Crea una mejor conexión entre las dos partes.
- Puede servirte para expresar tus sentimientos de manera distendida.
- Te facilita sacar temas incómodos que en una situación más seria quizás se hubieran evitado.
- Transmite esperanza y cierto optimismo.

Sin embargo, cabe la posibilidad de que tu terapeuta no acabe de convencerte, sea por el motivo que sea. Al fin y al cabo, la conexión, la comodidad, los sentimientos que te genera tu psicólogo son detalles muy personales que no siempre tienen por qué estar basados en motivos lógicos. A veces, llegan a consulta pacientes que provienen de otros psicólogos con los que no han tenido una experiencia positiva, bien porque no les ha ayudado, bien porque las técnicas utilizadas no les han convencido, bien porque no han notado esa conexión que, en el fondo, es tan importante para poder hablar con total comodidad.

Si ese es tu caso, debes saber que cambiar de psicólogo
es algo tan lícito como cambiar de médico
de cabecera, de gestor o de abogado.

Ni siquiera el mejor psicólogo puede gustar a todo el mundo. Del mismo modo que puedes toparte con una persona que no es la indicada en una relación personal, también puede ocurrir en una relación meramente profesional.

Debes saber que ahí fuera hay un profesional capaz de adaptarse a tus necesidades y de ayudarte a gestionar todas esas cargas emocionales que arrastras.

Si un psicólogo no es el indicado, no creas
que la terapia psicológica no es para ti.

Algunas personas se desencantan tras una primera terapia fallida y empiezan a pensar que, en realidad, ir al psicólogo no es necesario, porque ya tienen a gente de confianza en su vida con la que pueden hablar.

Sin embargo, una relación terapeuta-paciente es muy diferente a una relación entre amigos o familiares, a muchos niveles.

EJEMPLO	RELACIÓN PERSONAL	RELACIÓN TERAPEUTA-PACIENTE
	La relación no se centra solo en uno de los individuos. Pueden aparecer problemas por parte de ambos.	La relación es unilateral, es decir, aunque participan dos personas, solo se centra en el paciente.
	Relación informal y distendida, sin roles ni obligaciones.	Relación formal y profesional, donde hay unos objetivos y unos roles.
	No hay pautas de tiempo, es atemporal y se comparten buenos y malos momentos.	Es una relación limitada en el tiempo, que se acaba cuando el paciente logra avanzar y sentirse mejor consigo mismo.

RELACIÓN PERSONAL	RELACIÓN TERAPEUTA-PACIENTE
La otra persona es un apoyo, pero no tiene ni las herramientas profesionales ni la distancia ni los conocimientos necesarios para ser objetiva.	El psicólogo te aporta conocimientos y te da una visión externa y objetiva con la que mirar hacia tu mundo interior, pero también hacia el exterior.
Como la otra persona no es objetiva, cabe la posibilidad de que te juzgue. De hecho, incluso sus consejos estarán «contaminados» por el vínculo emocional que os une.	Como la visión del psicólogo es objetiva y profesional, no corres el riesgo de que te juzgue. Cuando te da consejos, lo hace usando su experiencia y sus conocimientos para ayudar.
En las relaciones personales a veces se oculta información por miedo al qué dirán.	Se pretende la apertura personal en un medio de confianza y confidencialidad.

Otro aspecto clave para que la terapia sea lo más efectiva posible es que tengas claras tus **expectativas**:

- ¿En qué quieres que te ayude el psicólogo? ¿Cuál es tu objetivo? Comunícaselo a tu terapeuta para que él sepa a qué enfrentarse.
- ¿Y si no lo sabes? No pasa nada, es normal. Mucha gente acostumbra a acudir a terapia cuando la situación las supera, y eso significa casi siempre que tiene mucho acumulado. Otros muchos acuden por un motivo concreto y, en el proceso, descubren otros temores, traumas o problemas que el psicólogo puede ayudarlos a gestionar.

- ¿Cuánto dura la terapia? Esta es una de las preguntas más comunes que se oyen en consulta. La respuesta sincera es: no lo sé. No es posible saberlo. La duración dependerá del motivo por el que acudes, pero también de su intensidad y de si encuentras otros problemas por el camino.

> Por eso, debes tener en cuenta que la psicología no es una fórmula mágica y los avances implican tiempo, trabajo y esfuerzo.

Además, cada persona es un mundo y, lo que para otra puede ser ayuda suficiente para solucionar un problema, para ti quizás no baste.

La frecuencia de las sesiones también es un factor que debemos considerar. Al principio, cuando la intensidad de los problemas es más elevada y la terapia más efectiva, las sesiones suelen darse con cierta continuidad. Sin embargo, a medida que el paciente avanza en su proceso de aprendizaje, las citas se van espaciando.

> Lo que está claro es que tú tienes tu propio ritmo y tanto tú como tu psicólogo debéis adaptaros a él.

Una terapia demasiado corta tal vez sea síntoma de un análisis pobre. Ambos debéis tomaros vuestro tiempo y actuar de forma consciente, voluntaria y sin presiones; esta es la única manera de que funcione, dado que solo así sentirás que tienes control sobre lo que te pasa.

El psicólogo no debería obligarte a hacer nada, eres tú el que tiene que estar preparado para el cambio. Tienes que sentirte listo para:

- Transformar los «no puedo» y «no soy capaz» en «me lo voy a pensar», «quizás sea lo mejor para mí» y «si lo hago, estaré mejor».
- Tomar decisiones que requerirán niveles considerables de energía y motivación.
- Dejar de pensar que estar mal tiene ciertos efectos secundarios positivos, como que el resto te proteja o te dé un trato especial. Debes salir de esa zona de confort que, en realidad, te quita mucho más de lo que te aporta.
- Asumir que ir al psicólogo no te asegura resultados inmediatos.

Hay muchas falsas creencias sobre la terapia que pueden lastrar tu recuperación y hacer que te frustres en el proceso.

En primer lugar, debes ser consciente de que la terapia no hace que lo veas todo de color de rosa.

- Tendrás que reconocer el pesimismo, explorar los pensamientos negativos y expresar las dudas.
- Tendrás que valorar las ventajas y las desventajas de cambiar y empezar a avanzar paso a paso.
- Y, por supuesto, tendrás que marcarte metas a corto plazo que te mantengan motivado para seguir adelante.

Y es que conseguir objetivos inmensos en el momento es imposible, por eso es necesario que los desgranes en pequeños pasos que pueden darte la sensación de que estás avanzando. Lo importante no es la velocidad, sino iniciar un proceso en el que:

- Puedes compartir experiencias personales, esperanzas, sueños, deseos y miedos.
- Puedes afrontar sentimientos y situaciones que antes se evitaban.
- Tienes en mente que será un cambio útil que te servirá no solo para gestionar un problema concreto, sino para vivir mejor en general.
- Percibes una mejora paulatina y empiezas a sentirte mejor, a tener más autoestima y a ser más eficiente.

Además, recuerda que los altibajos son parte del proceso. Sin embargo, eso no significa que todo lo avanzado en terapia se haya echado a perder. La psicoterapia, igual que la vida, es un viaje con momentos buenos y momentos malos.

La recaída no es un fracaso, sencillamente es parte de un camino irregular, que sigue avanzando a pesar de los baches.

Lo mejor de todo es que este camino no acaba cuando sales de tu última consulta. La terapia psicológica te da la oportunidad de gestionar mejor tus problemas actuales y también de afrontar los que vendrán mejor de lo que solías hacerlo. Puedes seguir practicando todo lo que has aprendido en consulta aunque el proceso en sí haya concluido. De hecho, ese es el fin de la terapia: que construyas un equipaje emocional lleno de estrategias, de nuevos discursos y de esquemas mentales flexibles para usarlos cuando aparezca un nuevo imprevisto.

Los psicólogos no son médicos y, por lo tanto, no curan a nadie. Solo ayudan a sus pacientes a descubrir sus puntos fuertes y a analizar sus puntos débiles para potenciarlos y atenuarlos, respectivamente. Por lo tanto, la terapia no acaba con una cura mágica.

 Sabrás que el tratamiento ha funcionado cuando:

☐ Los síntomas iniciales de los que hablaste en tu primera sesión hayan desaparecido o hayan perdido intensidad.

☐ Tengas nuevas estrategias para afrontar las situaciones complejas, en lugar de evitarlas.

☐ El estrés que te llevó a acudir a terapia se haya reducido hasta volverse manejable.

☐ Las relaciones con los demás hayan mejorado.

☐ Seas capaz de gestionar mejor tu tiempo y, por lo tanto, sigas patrones de comportamiento menos caóticos.

☐ Tengas más capacidad para disfrutar de la vida y ver el lado positivo de las cosas.

☐ Empieces a cerrar capítulos de tu vida pasada.

☐ Los sentimientos de odio y rencor hacia algunas personas bajen de intensidad y se transformen en emociones menos negativas.

☐ Seas capaz de perdonar a la gente que te hizo daño y, por supuesto, de perdonarte a ti mismo.

☐ Seas capaz de adecuar tus expectativas y aspiraciones a la realidad.

☐ Puedas centrarte y disfrutar del presente, anticipándote solo lo justo.

☐ Seas capaz de valorar las pequeñas cosas del día a día.

Preguntas con respuesta: consultas comunes en terapia

Durante la terapia psicológica, es común encontrarse con pacientes que buscan respuestas continuamente. Algunos preguntan por su propio comportamiento; otros, por las cosas que hacen las personas de su entorno. Algunas personas quieren saber cuál es el origen de sus problemas; otras necesitan consejos prácticos para que estos no les roben la energía, y hay otras que simplemente quieren saber si hay salida.

Después de tantas páginas sobre la ansiedad, quizás tú también tengas preguntas para las que desearías encontrar una respuesta. Por eso, a continuación, responderemos a algunas preguntas que se oyen de manera habitual en terapia y que tal vez te sirvan de ayuda para conocer mejor el complejo funcionamiento de la mente humana:

1. *Tengo pensamientos repetitivos que me agobian. No son graves, pero me hacen dar vueltas a la cabeza todo el rato y no me dejan disfrutar del momento. Siempre me preocupo de cosas que pasarán en uno, dos o incluso más meses... No me las puedo sacar de la cabeza. ¿Qué puedo hacer?*

    Pensar demasiadas veces al día en cosas que no han pasado, y que quizás son inciertas, porque no sabes si pasarán o no, solo hace que malgastes tus energías. Dedicar un rato al día a algo que nos preocupa es normal, pero es necesario que limites el tiempo que dedicas a pensar en el futuro.

Prueba a desahogarte con alguien durante diez minutos para sacar esos pensamientos de la cabeza, o utilízalos para pensar en las probabilidades de que eso que te preocupa salga mal. Después, centra tu atención en otra cosa.

Así podrás vaciar tu mente de preocupación y dedicarte a vivir el presente.

2. *Me gusta tenerlo todo controlado, especialmente en casa y en el trabajo. Si algo no se hace como a mí me gusta, me pongo nervioso. Tengo que revisarlo todo, y a las personas de mi alrededor les acaba molestando. ¿Por qué me pasa esto?*

La necesidad de tenerlo todo controlado indica que eres muy perfeccionista y muy exigente.

Tienes que intentar modificar las ideas rígidas que provocan tus ansias de control y entender que la perfección no es una aspiración realista. Nadie es perfecto y aspirar a ese ideal imposible solo te generará frustración.

Haz las cosas bien porque te apetece hacerlas así, porque te sientes bien al hacerlo, pero no para buscar la perfección. Esa confianza en ti mismo también la transmites a quien tienes cerca. Si aprendes a delegar en otros, tus relaciones mejorarán, puesto que entenderán que estás dispuesto a compartir y confiar en ellos.

3. *Mis amigas me llaman para salir, y me da pereza muchas veces, porque soy muy casera, pero no sé decirles que no, así que normalmente me invento alguna historia como excusa para no quedar. Pero no me siento bien cuando les miento y me gustaría encontrar la manera de dejar de hacerlo.*

Nadie se debería enfadar porque le digas las cosas que piensas y sientes, siempre y cuando lo hagas de forma correcta y respetuosa.

Por eso, debes ser consciente de que tienes todo el derecho del mundo a decir que no sin sentirte mal por ello. Y, si le cuentas la versión más sincera de lo que te pasa, será más fácil que la otra persona lo pueda entender.

Inventar una excusa puede servirte un día, pero no se puede adoptar como el único método de comunicación, porque es señal de que no sabes afrontar una conversación madura.

4. *Mi padre tiene el hábito de fumar, y yo me enfado con él, le digo que no tiene que hacerlo. Acabamos discutiendo por eso y al final los dos nos sentimos mal. ¿Hay alguna manera de dejar de repetir ese patrón?*

Que quieras cuidar de tus familiares y te preocupes por ellos es normal, pero intentar controlar a la otra persona en exceso no es sano. Aunque pienses que lo haces por su bien, estás invadiendo su espacio, por lo que su percepción será muy diferente y se sentirá atacada.

Debes entender que querer a alguien no consiste en decirle lo que tiene que hacer, sino en respetar sus decisiones e intentar entenderlas, sin juzgarlas. Intenta expresar tu preocupación explicando cómo te hace sentir ese hábito, sin centrar el mensaje en la otra persona. No digas: «tu salud va a seguir empeorando si no dejas de fumar», mejor: «me preocupa profundamente que el tabaco pueda afectar negativamente a tu salud».

5. *Tengo siempre la idea en la cabeza de que hay que agradar a los demás, a todos. Cuando algún compañero de trabajo, amigo o conocido no muestra suficiente interés en mí, me hundo e inmediatamente pienso que he hecho algo mal. ¿Qué puedo hacer?*

Gustar a todo el mundo es imposible y dejar que tu felicidad dependa de ello es muy peligroso. Está bien ser agradable y es normal que sientas gratificación si tu comportamiento recibe una respuesta agradable, pero tienes que entender que no puedes ser afín a todo el mundo.

Las personas somos seres complejos y los motivos por los que alguien nos cae mejor o peor pueden ser infinitos: que exista un carácter muy diferente o muy parecido, que no haya intereses en común, que no esté interesado en hacer amigos... Nadie puede controlar esos factores y, como se escapan del control, preocuparte no es la solución.

Esa preocupación constante es señal de que existe dependencia de lo que piensan los demás. Debes buscar su origen y trabajar en reforzar tu seguridad y tu autoestima. Aunque el resto puede reforzarlo, tu bienestar tiene que emanar de tu interior.

6. *La relación con mis padres es complicada, porque no entienden ni mis objetivo, ni mi plan de vida, tampoco mi forma de ser. Me siento siempre presionado por ser como ellos quieren que sea y noto que no me escuchan, con lo que me voy distanciando para no discutir. Sin embargo, eso me hace sentir muy mal y me gustaría saber si hay alguna alternativa.*

Las relaciones familiares son uno de los pilares más fuertes, por lo que es normal sentir cierto desequilibrio si no son como te gustarían.

Pero tus padres no tienen derecho a juzgarte y criticarte por el simple hecho de ser tus padres. Si la comunicación con ellos es difícil, porque está llena de ataques y discusiones, poner cierta distancia es, de hecho, muy buena opción. Alejarte un poco te permite ver la relación de otra manera y, sin duda, puede ser un primer paso para reducir las tensiones. Al fin y al cabo, es mejor que la relación se base en la calidad que en la cantidad de tiempo disfrutado.

Tienes que ser consciente de que poner límites es necesario y aprender a relativizar la creencia de que los padres son perfectos y lo hacen todo por ti.

7. *No estoy a gusto en mi trabajo, me genera mucho estrés y, además, descanso mal, pero no soy capaz de cambiar, ni de hacer algo diferente. Estoy indecisa, porque me da mucho miedo tomar una decisión equivocada. Al final, siempre me quedo igual y no puedo evitar quejarme constantemente y estar siempre de mal humor. ¿Qué puedo hacer?*

Cambiar de trabajo es una decisión importante que puede provocar grandes cambios en tu vida.

Si lo que necesitas es tomar una decisión, puedes empezar por analizar los pros y contras, y ver si pesan más los beneficios de seguir o los de cambiar.

Tomes la decisión que tomes, debes estar convencido de ella y ver su parte buena. El miedo aparece siempre que hay situaciones nuevas o inciertas a la vista, pero tener en mente las ventajas que te proporcionará ese cambio puede ayudarte a mantenerlo a raya.

Si finalmente decides continuar en tu trabajo actual, también debes tener en mente los motivos que te han hecho quedarte, para que puedas vivir sin tanta ansiedad.

8. *Me gustaría conocer gente y encontrar pareja, pero me siento inseguro. Como no sé si voy a gustar o no, me pongo muy nervioso cada vez que conozco a alguien. Además, ya no soy tan joven y a veces pienso que ya no tengo edad para buscar pareja. ¿Cómo puedo quitarme el miedo al ridículo?*

En primer lugar, debes ser consciente de que el amor puede llegar en cualquier momento de tu vida. No hay un límite de edad para conocer a gente, ni para encontrar pareja, aunque muchas personas tengan metida en la cabeza que a partir de los veinte, los treinta o los cuarenta se deja de ser deseable.

Esas ideas tan poco flexibles, además de ser mentira, son obstáculos que, a menudo, sirven de excusa para justificar tu miedo. Piensa qué es lo peor que podría pasar si te atreves a conocer gente, ¿que no encuentres pareja? Estarías en la misma situación que ahora, por lo que no pierdes nada por intentarlo.

De todas maneras, ten en cuenta que vivir dominado por la presión de conocer a alguien tampoco es positivo. La vida no es una carrera a contrarreloj. Procura cambiar el «tengo que tener pareja» por «me gustaría tener pareja, pero mi felicidad no depende de ello».

9. *Estoy buscando trabajo y las entrevistas me dan pánico. En cuanto entro, empiezo a sudar, tartamudeo y no sé ni lo que digo. Creo que me descartan por culpa de esta primera impresión negativa, pero yo no soy así. El problema es que ellos no me conocen y no tengo oportunidad de demostrarlo. ¿Qué puedo hacer?*

Gestionar el estrés producido por una entrevista de trabajo no es fácil, porque el cerebro entiende que estás en una situación en la que otra persona mantiene el poder sobre ti. Esto solo es cierto en parte. Debes ser consciente de que, al igual que ellos tienen algo que ofrecerte a ti, tú tienes algo que ofrecerles a ellos. Trata de cambiar de perspectiva e intenta verlo como una relación de equilibrio en la que ambas partes están interesadas en lo que la otra tiene que decir.

Otra buena forma de frenar el nerviosismo es ensayar antes la conversación. En internet, existen cientos de páginas donde encontrarás las preguntas más comunes en una entrevista de trabajo y, si has hecho varias antes, sabrás más o menos cuáles se adaptan más a tu puesto.

Además, debes tener en mente que no ser escogido no implica que no les hayas gustado, simplemente significa que alguien encajaba más con lo que buscaban, y no pasa nada. No siempre puedes ser el mejor en todo y, por extraño que parezca, asumirlo te ayudará a aumentar la seguridad y la confianza en ti mismo.

10. *Acabo de terminar mis estudios con muy buena nota, pero soy incapaz de alegrarme por ello. No paro de pensar en qué voy a hacer a partir de ahora, dónde trabajaré. No soy capaz de relajarme ni un minuto y me gustaría aprender a hacerlo.*

Saber disfrutar del momento y de las cosas que consigues es fundamental para poder estar satisfecho con tu propia vida. Por el contrario, no ser capaz de parar un segundo ni de prestar atención al presente es negativo por varios motivos: en primer lugar, porque es el caldo de cultivo perfecto para la ansiedad y, en segundo lugar, porque, si solo piensas en lo próximo que tienes que hacer, no prestas atención a lo que estás haciendo en este momento y, por tanto, no obtienes los mejores resultados.

Puedes pensar en el futuro durante un tiempo limitado, visualizar los retos que te esperan y llenarte de fuerza para alcanzarlos, pero no merece la pena gastar energía preocupándote por cosas que quizás nunca pasen. Los ejercicios de *mindfulness* pueden ayudarte a prestar atención al momento que estás viviendo y a disfrutar de los pequeños triunfos del día a día.

11. *Me dedico casi de forma exclusiva al trabajo, no tengo tiempo para nada más y noto que estoy descuidando mi vida personal. Creo que mi jefe me exige más que a los demás, y yo siempre estoy disponible, no sé decirle que no y no desconecto, con lo que está empezando a pasarme factura. ¿Qué puedo hacer?*

No tiene nada de malo que el trabajo sea una esfera importante para ti, pero no puede ser la única. Debes aprender a poner límites y, sobre todo, a verbalizarlos. Tienes que hacerle entender a tu jefe que, acabada tu jornada, tienes derecho a desconectar del trabajo.

No te sientas mal por tener límites. Tanto tu jefe como tú tenéis que aprender a respetar tu vida personal. Una vez que empieces a tener tiempo libre, el estrés remitirá y te encontrarás con fuerza y ganas para cuidar otras esferas de tu vida.

12. *Todos mis amigos están enganchados a las redes sociales y me miran mal porque yo estoy más alejado de ese mundo. Sus conversaciones y sus rutinas giran alrededor de la pantalla. Yo ya no me siento cómodo con ellos y, para colmo, siento que me van excluyendo poco a poco. ¿Qué hago?*

Si tus amigos solo te valoran por lo que haces, y no por quién eres, quizás no valga la pena conservarlos. Si te presionan o te marginan por no pasar el día pegado a las redes sociales, no respetan tu forma de ser ni aquellos puntos de vista que no son como los suyos. Déjales claro que tienes otros intereses y que no te sientes a gusto cuando las redes sociales son el centro de vuestra amistad. Si no lo comprenden, entonces tal vez sea el momento de poner distancia.

13. *Mi pareja no me permite hacer cosas sola, quiere hacerlo todo conmigo y no entiende que yo necesito algo de espacio para mí. No sé qué hacer.*

Mucha gente tiene la idea errónea de que tener pareja implica estar juntos en todo momento y compartir cada pequeño hueco de la agenda.

Es importante que cada miembro de la pareja entienda que el otro necesita disfrutar de un tiempo y espacio propios para desarrollarse como persona libremente y fortalecer así otras áreas vitales.

Trata de hablar con él, de preguntarle por qué no te permite pasar tiempo juntos. Si no obtienes una respuesta concreta, quizás su intención no sea maximizar el tiempo en pareja, sino tener control sobre ti.

14. *He vivido una ruptura complicada con una pareja y ahora tengo miedo de volver a vivir malas experiencias con el amor. Noto que estoy totalmente cerrada a las relaciones y que no confío en nadie y me gustaría cambiar.*

Recuperar la confianza cuando te han hecho daño es difícil. Sin embargo, debes tener muy presente que no todo el mundo es igual y que vivir anclada en el miedo, anticipándote al malestar, te impedirá disfrutar del presente.

No es necesario que te metas prisa por encontrar a alguien pronto, pero tampoco te beneficiará aparcar el tema. Lo importante es curar la herida, recuperarse del daño sufrido y aprender de los errores que se cometieron en esa relación para no volver a repetirlos.

15. *Me siento mal porque mi pareja me ha pedido que le dé un tiempo para pensar. De momento, no quiere estar conmigo, y yo sufro pensando qué pasará y qué decidirá. ¿Qué puedo hacer?*

Tienes que asumir que, cuando alguien le pide a su pareja un tiempo, es porque tiene dudas. Aunque no se puede generalizar, lo más probable es que esté más cerca del no que del sí.

Excepto en casos muy puntuales, las personas sabemos muy bien cuándo alguien nos gusta y cuándo no, y si nos enamoramos o no. Por norma general, quienes piden a su pareja un tiempo ya saben lo que quieren, pero no saben cómo decírselo a su pareja.

Cuanto más tiempo tarde tu pareja en tomar una decisión, más poder tendrá sobre tus sentimientos y más se desequilibrará la relación. No dejes que juegue contigo. Pídele que tome una decisión y hazle saber que la espera te está haciendo más daño de lo que cree. Si no quiere hacerlo, quizás sea el momento de que tomes tú las riendas y cortes por lo sano.

16. *Soy bastante introvertido y me gusta pasar tiempo a solas. De hecho, me gusta bastante más que estar en compañía, me considero alguien solitario y así estoy bien. El problema es que mi familia no lo entiende y me pre-*

siona para que cambie, para que sea más extrovertido y conozca a gente. No sé cómo hacerle entender que a mí eso no me apetece.

La introversión no es un problema, siempre y cuando no te entorpezca en tu día a día. Es simplemente un rasgo de la personalidad y no es ni mejor ni peor que otras formas de ser, lo importante es que tú estés a gusto siendo así.

La presión social por ser abierto y extrovertido es una de esas modas que te dicen que hay que ser de una determinada manera para gustar, pero la felicidad no depende de lo que gustes a los demás.

Habla con tu familia y hazle saber que ser introvertido no es una elección. De hecho, el temperamento tiene un origen genético, así que no se puede cambiar. El cerebro de los introvertidos funciona de manera diferente al de los extrovertidos. Perseguir una forma de ser que se opone a tu naturaleza solo conseguiría hacerte infeliz.

17. *Siempre estoy muy nerviosa y todo el mundo me dice que tengo que aprender a relajarme con yoga o practicando mindfulness, pero a mí nada de eso me motiva ni me apetece. ¿Existen otras formas de relajarse?*

Hay miles de formas de relajarse, una para cada persona, y cada uno tiene que explorar su personalidad para descubrir cuál es la adecuada en su caso. Bajo ningún concepto debe imponerse una relajación determinada, porque entonces la presión social solo conseguirá ponerte más nerviosa aún.

Para descubrir cuál es la mejor forma de tranquilizarte, tienes que buscar actividades que te gusten y que te apetezca hacer. Si son actividades que pueden hacerse al aire libre y en contacto con la naturaleza, mejor aún.

18. *Siento que aún estoy enganchada a mi expareja, no puedo dejar de pensar en él, aunque la relación no era como yo quería. Empiezo a pensar que no sé estar sin él, porque desde que no está no hago más que llorar. Necesito saber si esto se va a pasar.*

Aquellas relaciones en las que predominan las emociones intensas suelen dejar un sentimiento de enganche muy fuerte, similar al que experimentan los adictos cuando intentan dejar una droga, ya que el cerebro segrega sustancias parecidas en ambos casos y hace que idealices lo que vivías a su lado.

Sin embargo, tienes que hacer un esfuerzo por recordar la relación de la manera más objetiva posible. No ignores lo malo, recuerda todo aquello que no te gustaba para que tu cerebro entienda que estar con esa persona es malo para ti.

El dolor no remitirá al instante, pero aceptar la realidad, que no debéis volver porque no te hace bien, es un buen comienzo.

19. *Me preocupo mucho por los demás y por que estén bien, especialmente cuando se trata de mi familia. Siento que he adoptado un rol protector que a veces me agota demasiado y no sé si hago bien estando siempre encima de ellos.*

Cuidar a las personas que quieres está bien y puede ser una costumbre reconfortante, siempre y cuando no dediques una cantidad de tiempo y esfuerzo excesiva a hacerlo, hasta el punto de convertirlo en una obligación.

Otro punto que debes tener en cuenta es que debes respetar al otro. Tus familiares son personas libres que necesitan tener espacio e intimidad, y debes respetarlo.

También tienes que entender que a veces se enfrentarán a situaciones complicadas en las que tú no estés para protegerlos, es normal. Tú tienes tu vida, y ellos, la suya. Está bien que os cuidéis, pero es necesario que lo hagas desde el respeto y sin poner expectativas altas. De lo contrario, corres el riesgo de que la relación se desequilibre.

20. *Me cuesta pedir ayuda a los demás, no importa si es mi pareja, un colega del trabajo, mis padres o amigos de toda la vida. Me siento mal si lo hago y prefiero que todo dependa de mí, por si es una molestia para el otro. No me gusta verme como una carga, pero siento que callármelo todo está empeorando mucho mi calidad de vida.*

Si te cuesta pedir ayuda, es conveniente que analices las ideas que tienes asociadas a esa acción: ¿ves el hecho de pedir ayudar como una debilidad? ¿Crees que apoyarte en los demás es lo mismo que depender de ellos?

Si es así, tienes que modificar tus creencias para que puedas entender que pedir ayuda es una manera de confiar en las personas que te rodean, de compartir tus inquietudes y de liberarte de las cargas excesivas.

Es normal que no sepas hacerlo todo tú solo, porque los seres humanos somos imperfectos por naturaleza. Además, piensa que, cuando pides ayuda a alguien, esa persona se siente bien, porque le estás diciendo: «cuento contigo, confío en ti», «eres importante para mí, porque cuando necesito compartir mis problemas e inquietudes te elijo a ti».

21. *Quiero que mis padres estén orgullosos de mí. ¿Cómo lo consigo?*

El papel simbólico y de referencia de los padres es tan importante que mucha gente cree que no puede fallarles bajo ningún concepto, porque decepcionarlos sería fracasar.

Sin embargo, no puedes dejar que tu vida dependa de lo que quieren tus padres. Al fin y al cabo, es tu vida y tienes que alcanzar tus propias metas. Si tan solo luchas por hacer felices a otros, lo más probable es que acabes descuidando tu propia felicidad.

Buscar su amor incondicional es humano, pero tus intereses deben estar en primer lugar. Si te quieren de manera sana, sabrán sentirse orgullosos de la vida que has construido y de tus logros, porque te acercan a la felicidad.

Si no entienden que no pueden controlar tu vida y tus aspiraciones, puede ser positivo poner distancia para escapar de su control.

22. *Soy muy impulsivo al discutir y pierdo el control, pero no me gusta y me gustaría cambiarlo.*

El primer paso es entender por qué has perdido el control y, para ello, tienes que encontrar el origen de la discusión.

Es posible que hayas explotado porque no expresaste la molestia en su momento. Cuando esto pasa, la frustración y el enfado se van acumulando hasta que es imposible contenerlos y entonces tu propia reacción se escapa a tu control.

Tienes que aprender a solucionar los problemas en el instante en que ocurren y a comunicarte con la otra persona antes de que aparezca un momento de tensión que te haga perder los papeles.

23. *Me considero demasiado sensible y me gustaría que las cosas me afectasen menos.*

En primer lugar, cabe decir que ser sensible, en su justa medida, no es malo. Es tan solo una forma de sentir y percibir.

Si todo te afecta demasiado, seguramente sea porque interpretas las cosas que te ocurren de manera personal, pero a veces las personas que te rodean hacen cosas que te hieren sin ninguna intención de ir en tu contra. Tienes que entender que, la mayoría de las veces, las personas dicen cosas o actúan de determinada manera porque no saben hacerlo mejor y no son conscientes de que lo que hacen puede herir al otro.

Esta premisa te ayuda a entender que, en la mayoría de los casos, nadie va en tu contra, sino que es su forma de actuar y no piensa en las consecuencias de sus actos.

24. *Digo cosas de las que después me arrepiento porque hago daño a las personas que quiero.*

Por norma general, que se te escape un comentario hiriente es una señal de que estás dolido con esa persona. Puede ser una forma de decir «lo que has hecho o dicho no está bien, no me ha gustado». Sin embargo, devolver un ataque de la misma manera no te hará sentir mejor, sino que te distanciará más de esa persona y generará aún más tensión.

La solución es que aprendas a expresar tus sentimientos de manera clara y en el momento exacto en el que los sientes. Si los reprimes, acabarán saliendo en forma de ataque, así que más vale tener una conversación madura a tiempo que una pelea.

25. *Mi pareja controla siempre lo que hacemos. Él decide qué hacer y cómo hacerlo, y yo siempre me adapto a ello, pero estoy cansada de que sea así.*

Una relación en la que uno cede el poder por completo al otro, o en la que el otro te arrebata el poder por la fuerza, no es una relación equilibrada.

No tener criterio y esperar a que sea el otro quien decida no es amor incondicional, sino sumisión. En una relación sana de pareja, una de las partes nunca domina a la otra. Tienes que poner límites claros y velar por que se respeten. Si no, quizás tu pareja no te quiera tanto.

26. *Quiero romper mi relación, pero no sé cómo hacerlo.*

Si tienes claro que no quieres continuar en esa relación, debes decírselo a tu pareja de forma clara y respetuosa. No tiene sentido demorar la conversación. Cuanto más esperes, más tensión y estrés acumularás y más complicado será tener una conversación madura y calmada, porque cualquier situación puede hacer que explotes.

Es normal que tus sentimientos cambien y tienes derecho a no querer continuar con esa persona, pero debes entender que tu pareja también tiene derecho a saberlo.

27. *No sé cómo ascender en el trabajo, porque tengo la sensación de que soy invisible y que nadie me tiene en cuenta, a pesar de que, desde mi punto de vista, hago las cosas mejor que los demás y trabajo más. Me gustaría sentirme reconocido.*

Si tienes claro que tu objetivo es crecer en el trabajo, pero no sabes cómo hacerlo, lo mejor que puedes hacer es comunicarle a la persona adecuada tus aspiraciones laborales.

Si nunca se lo has dicho, lo más probable es que tu jefe desconozca lo que quieres. No puedes esperar a que adivine tus intenciones. Tal vez te dé miedo, pero atreverte a hablar con tu superior es el primer paso para dejar de ser invisible.

28. *Creo que mi hermano tiene celos de mí y cada vez me cuesta más mantener una buena relación con él por ese* *motivo. Siento que intenta siempre boicotear la relación y no sé qué he hecho mal para que se comporte así conmigo.*

Que una relación no vaya bien no significa que hayas hecho algo mal obligatoriamente. Las relaciones son cosa de dos y, cuando uno no pone de su parte para que vaya bien, el otro no puede remar por los dos.

Si percibes una conducta negativa por su parte, puedes probar a hablar con él para saber si ha pasado algo que haya provocado su conducta. Si los celos continúan, a pesar de tus intentos de arreglar la situación, lo más seguro es que tu hermano oculte una personalidad extremadamente insegura que le impide disfrutar de la persona que tiene al lado.

En ese caso, el problema no lo tienes tú, lo tiene él. Y, si a pesar de todos tus esfuerzos por hacer que la relación funcione, sigue aportándote cosas negativas, lo mejor será que pongas distancia.

29. *Me siento mal si estoy lejos de mis padres, indistintamente de si tengo que viajar por ocio o por trabajo. Da igual si me ausento por un motivo justificado, sigo sintiéndome culpable y no puedo evitar pensar que soy un mal hijo. No me siento con derecho a hacer determinadas cosas con mi vida.*

Querer a tus padres no implica que tengas que estar todo el día con ellos. Sois personas completamente diferentes y eres libre de construir tu propia vida. Piensa que ellos también tuvieron que alejarse un poco de sus padres para formar su propia familia.

Es posible que esa creencia de que tienes que estar siempre a su lado te la hayan inculcado desde pequeño, ya sea en la familia, en el colegio, a través de la televisión. Pero, si te limita, entonces tienes que aprender a contrarrestarla y entender que los puedes querer también desde la distancia.

Si lo que quieres es mantener lazos de amor sanos con tu familia, procura que el respeto y la libertad sean parte de tu relación. Si al actuar libremente te presionan o te boicotean, quizás tus padres no tengan un concepto sano del amor.

30. *Tengo la sensación de que siempre que doy algo a alguien lo hago por interés, porque no sé dar de forma voluntaria. Estoy preocupado, porque empiezo a pensar que soy mala persona.*

En primer lugar, analiza si realmente haces las cosas por interés: ¿estás aprovechándote o engañando a alguien? Si no, entonces no hay ningún motivo para pensar que actúas con maldad.

Tampoco hay nada malo en no darlo todo constantemente. A veces, necesitarás disfrutar de la vida y tener tu propio espacio, donde mimarte y quererte sin que te afecten los problemas, sean propios o ajenos. Cuidarse a uno mismo es necesario y no es incompatible con cuidar de los demás.

Si revisas tus relaciones con los demás, seguro que das a tu manera. Escuchar y acompañar también son formas de entregarse a los otros, aunque sean menos vistosas que otras maneras de ayudar.

31.   *Me gustaría encontrar una pareja que tuviera unos valo-*
res y una filosofía de vida parecidos a los míos, pero me
está costando mucho y no sé si soy demasiado exigente
o si tengo un ojo demasiado crítico. No me apetece estar
con alguien solo por compartir aficiones, pero no sé si es
normal.

No hay nada malo en tener claro qué tipo de pareja
quieres. Es más, es indicativo de que sabes perfectamente qué es lo que te haría feliz.

Cada persona busca algo diferente según lo que
considera más importante. Habrá gente más exigente que tú y habrá gente menos exigente, y es normal.

Si para ti el compartir aficiones no es suficiente en
una pareja, no te conformes, eso lo puedes hacer con
un amigo. Conformarte con menos de lo que esperas
no te va a dar la felicidad. Como mucho, servirá de
parche emocional, pero nada más.

32.   *Me cuesta mucho ser organizado y afecta a mi vida pro-*
fesional y de pareja, porque no sé gestionar el tiempo
como es debido. Dejo para el final lo que no me gusta y
lo demoro tanto que no entrego proyectos importantes
y me estreso bastante.

Para liberar tu mente del estrés, lo primero es establecer qué tareas son importantes, las que no lo son tanto, las que puedes delegar y las que llevan tan poco
tiempo que puedes hacerlas ya. Después, adapta esa
jerarquía a tu horario de trabajo y recuerda que ese
horario debería ser más o menos fijo.

Sin orden mental, es imposible que haya organización de ningún tipo, así que procura establecer horarios de trabajo, de ocio y de descanso. Con una correcta separación de tiempos, te resultará mucho más sencillo dar el 100 % de ti mismo en cada faceta de tu vida, en lo profesional y también en lo personal.

33. *Tengo discusiones frecuentes con mi pareja porque no me escucha cuando hablamos de las tareas domésticas y de las obligaciones que hay en casa. Me frustra mucho que no preste atención a un tema que también le incumbe, y al final siempre acabamos discutiendo.*

La mayoría de las personas se relajan cuando primero las escuchan. Antes de criticar o juzgar, prueba a preguntarle por qué no ha hecho una tarea. Puede que, si se siente entendida, acabes llegando a aquello que buscas conseguir discutiendo: que te haga caso. Cuando escuchas al otro, le estás diciendo que te importa su opinión y que lo tienes en cuenta, por lo que hay menos probabilidades de que se ponga a la defensiva y acabéis discutiendo.

Una vez que conozcas sus motivos, explica claramente cómo te hace sentir que no haga su parte de las tareas, pero no te centres en criticar sus actos, sino en expresar cómo te hacen sentir.

34. *Tengo proyectos profesionales que me hacen mucha ilusión, pero mi pareja no termina de entenderlos. No aprueba mis decisiones y no ve bien que trabaje en*

ciertos proyectos. Eso me hace sentir incómoda y me
gustaría saber qué hacer.

Estar en pareja no implica perder libertad de decisión, de expresión y, menos aún, de desarrollo profesional. Si tu pareja no entiende eso, realmente no respeta tu carrera, tus ilusiones o no confía lo suficiente en ti.

Una relación en la que una de las partes ve anulada su libertad no es una relación sana. Si no deja atrás esa actitud de excesivo control sobre tu vida, quizás sea hora de mirar por ti y ponerte por delante.

35. *Hace un tiempo que me apetece más estar en casa que*
ver a gente. Simplemente, prefiero estar tranquila, pero
mi familia está preocupada porque dice que puede que
tenga una depresión, aunque yo creo que estoy bien.

Si tú te sientes bien, no has de hacer caso a las críticas. Una depresión es un trastorno muy serio y no hay que tomarlo a la ligera.

Es normal que estés pasando por una etapa de tu vida en la que prefieres estar contigo misma, recargando las pilas. Si eso es lo que quieres, entonces no hay por qué preocuparse.

Conclusión

La ansiedad no se elige. Ni la tristeza. Los miedos. El vértigo a los abismos.

La ansiedad nos acompaña, muchas veces justo cuando menos bien nos viene. Nos arrastra. Nos acorrala. Nos inunda. Nos ahoga. Nos oprime. Nos exprime.

Cuando la ansiedad se convierte en rutina.

Cuando la ansiedad te impide ser tú.

Cuando la ansiedad anula tu lado bueno. Tu serenidad. Tu estabilidad. Tus anhelos. Tu paz interior.

Ahí es justo cuando debes dejarte ayudar.

Nadie mejor que tú sabe lo que es sentir que la salud mental flaquea. Que las sombras ganan espacio a la luz.

Pedir ayuda es el primer paso, el menos fácil, el mejor dado. Por suerte, hay profesionales con los conocimientos, las capacidades y los recursos para ayudarte a saber qué te pasa, por qué te pasa, y qué hacer para recuperar el control de tus emociones.

Cuando no puedas solo, ven. Toma, aquí tienes nuestra mano.

Judit Izquierdo, CEO de Siquia.

Agradecimientos

A Diego Rodríguez, por todo.

A Irene Pons, por la confianza ciega en el proyecto.

A Lucía Lorenzo, por poner en orden las ideas de todas las personas que formamos Siquia y hemos dado vida a este libro.

A los cientos de pacientes que desde hace una década confían en Siquia para resolver sus conflictos emocionales. Gracias a todos los que habéis demostrado al mundo que otra forma de hacer psicoterapia es posible.

En el 2012, en Siquia creímos que el futuro de la psicología pasaba por la atención por videollamada. Diez años después, no se contempla el ejercicio de la profesión sin este canal de atención.

Este libro está dedicado a esos pacientes y equipo que han formado parte de nuestra historia.

Bibliografía

Alia-Klein, N., y R. Goldstein, D. Tomasi, L. Zhang, S. Fagin-Jones, F. Telang, G. Wang, J. Fowler, y N. Volkow, «What is in a Word? No versus Yes Differentially Engage the Lateral Orbitofrontal Cortex», *Emotion,* 2007, 7(3), pp. 649-659. https://doi.org/10.1037/1528-3542.7.3.649

Billioti de Gage, S., y B. Bégaud, F. Bazin, H. Verdoux, J. F. Dartigues, K. Pérès, T. Kurth, y A. Pariente, «Benzodiazepine use and risk of dementia: prospective population based study», *Bmj,* 2012, 345. https://doi.org/10.1136/bmj.e6231

Bethune, S., *U.S. Adults Report Highest Stress Level Since Early Days of the COVID-19 Pandemic,* 2021. Recuperado de https://www.apa.org/news/press/releases/2021/02/adults-stress-pandemic

Clayton, R. B., A. Nagurney, y J. R. Smith, «Cheating, breakup, and divorce: Is Facebook use to blame?», *Cyberpsychology, Behavior, and Social Networking,* 2013, 16(10), pp. 717-720.

Folkman, S. y R. S. Lazarus, «Coping and Emotion», *Stress and coping: An anthology,* Columbia University Press, 1991, pp. 207-227.

Fontaine, M., «On Being Sane in an Insane Place – The Rosenhan Experiment in the Laboratory of Plautus' Epidamnus», *Current Psychol,* 2013, 32, 348–365. https://doi.org/10.1007/s12144-013-9188-z

Holmes, T., y R. Rahe, «The Social Readjustment Rating Scale», *Journal of Psychosomatic Research,* 1967, 11(2), pp. 213-218.

Huffman, J. C., S. R. Beach, y T. A. Stern, «Efectos secundarios de los psicotrópicos», *Tratado de psiquiatría clínica del Hospital General de Massachusetts,* 2018.

Merton, R. K., «The Self-Fulfilling Prophecy», *The Antioch Review,* 1948, 8(2), pp. 193-210. https://doi.org/10.2307/4609267

Thomas, D. S. y W. I. Thomas, *The Child in America: Behavior Problems and Programs,* Nueva York, Forgotten Books, 1928.